HAPPY RH

Deuxième édition: 2013
Troisième édition: mai 2014
Quatrième édition: novembre 2014

D/2013/0147/61
ISBN 978 2 87403 314 8
N° de commande: 207 134 001

rue Guimard 19, 1040 Bruxelles
Tél.: 02/512 29 49
Fax: 02/512 26 93
E-mail: info@lacharte.be
Internet: www.lacharte.be

Lay-out: Karakters, Gent

58895

Laurence Vanhée

Happy RH

le bonheur au travail

rentable et durable

la Charte
PROFESSIONAL PUBLISHING

REMERCIEMENTS

«La reconnaissance est la mémoire du cœur»
Hans Christian Andersen

A tous ceux qui ont contribué à l'écriture de ce livre: merci!

Merci à mes éditeurs, Eric Bouancheaux Zuckermandl (La Charte) et Steve Massage (Die Keure) pour l'extraordinaire opportunité qu'ils m'offrent. Leur soutien et la qualité de leurs conseils ont façonné Happy RH. Merci également à Valérie pour sa précieuse relecture et à Isaac pour son apport au développement des Entreprises Libérées.

Merci à tous mes collègues qui, au fil des pérégrinations professionnelles, alimentent mes projets d'une inépuisable source d'inspiration et d'innovation. J'adresse une mention spéciale à la promo 95 de GB-Carrefour, à l'équipe de la Learning & Development Academy de Belgacom, au charismatique tandem de Belgacom France Luc Van Gompel et Jennifer Schubert, aux pionniers de l'environnement de travail dynamique de DBAssociates, aux potes d'alterforHum, aux *happy colleagues* d'IBA à travers le monde, aux révolutionnaires de HREPS et plus encore à Corinne Benharrosh, à la Happy P&O team du SPF Sécurité Sociale…

Un immense merci à vous tous!

La richesse de vos personnalités, votre amitié, nos envies, nos délires, le dépassement de nos frustrations, nos succès sont autant de preuves qu'une autre voie est possible. Vous m'avez convaincue que nous avions toutes les cartes en main pour que notre profession évolue vers le rôle de développeur de patrimoine humain, de garant du bonheur de l'organisation.

Merci à celles et ceux dont la présence rayonne depuis notre première rencontre, quels que soient la distance et le temps qui nous séparent: AnSo, BB, Valérie, Eric, Yasna, Xf & Mo; les «Desperate» Nats, Isa, Chris & Malo et les principales composantes de la phénoménale entité tricéphale à paillettes, Isabelle & Christelle.

Votre amitié m'est tellement précieuse!

Enfin, je réserve le plus vibrant, le plus chaleureux et le plus tendre des mercis à ceux qui, au quotidien, font mon bonheur, sont mon bonheur. Ils sont mes repères essentiels, mes fondations : Jean-Paul, Victor et Clara; Papy & Maminou et... l'inénarrable Charoux le Highlander.

Merci pour votre insondable patience, pour votre amour plus-grand-que-tout-l'univers-and-beyond, pour votre bienveillance et pour vos encouragements sans faille.

Merci d'être vous et d'embellir ma vie.

«Reste toi-même, car c'est dans l'authenticité que l'on puise ses forces.»
Daniel Herrero

AVANT-PROPOS

«Après avoir livré mon manuscrit à mes éditeurs, Steve Massagé et Eric Bouancheaux Zuckermandl, nous avons tous trois fêté l'évènement au restaurant. D'humeur joyeuse, les bulles aidant, nous avons commencé à échanger sur la notion de bonheur: et si le bonheur était une ville, une couleur, une odeur, une saveur?

Là, telle une épiphanie, nos voix ont lancé «cuberdon» à l'unisson. Passés les rires, les idées ont commencé à fuser: et si le cuberdon constituait le fil rouge de cet ouvrage? Forme, couleur, texture, goût, tout dans cette douceur semble ludique et jouissif: montée, vol, redescente... C'est dit, l'ouvrage du bonheur sera «cuberdonisé» ou ne sera pas.

N'en déduisez toutefois pas cher lecteur que Happy RH offre une brève évasion vers un monde-meilleur-si-tous-les-gars-du-monde-voulaient-bien-se-donner-la-main. Il vous invite plutôt à voyager les pieds sur terre; pour visiter ceux qui ont réinventé avec succès le mode de travail hérité de l'ère industrielle; et pour vous approprier les bonnes pratiques à appliquer.

Bonne lecture.»

PRÉFACE

'RH' pour 'Rendre Heureux'

ISAAC GETZ, PROFESSEUR À ESCP EUROPE

Il y a deux ans, l'association belge *Philosophie & Management* m'a invité à présenter mes travaux sur les entreprises libérées. Après ma conférence, une sémillante et très souriante jeune femme s'est approchée de moi et m'a glissé: «*nous sommes une entreprise libérée. Venez nous rendre visite.*» Toujours en quête de nouvelles expériences – les organisations libérées ne sont pas si nombreuses – je lui ai demandé quelle entreprise elle représentait. «*Il s'agit d'un ministère*», me répondit Laurence Vanhée (vous aviez déjà deviné son identité).

Là, j'ai demandé à m'asseoir… un ministère? libéré? Dans un éclat de rire, Laurence m'a alors expliqué que face à l'absence chronique de gouvernement fédéral en Belgique, le défi de libérer un ministère belge se révélait finalement plutôt simple. Blague à part, en quelques mots taillés à la serpe Laurence m'a énuméré les accomplissements du Ministère Fédéral de la Sécurité Sociale. J'en suis resté littéralement scotché à mon fauteuil. Je devais le voir de mes yeux.

Me voici donc à Bruxelles quelque temps plus tard prêt à observer la libération en marche. Et là, ma première impression semble donner raison aux plus dubitatifs: attente de rigueur dans le hall d'accueil parmi la foule habituelle des 'usagers' de la 'Sécu'; où est le changement? Assez vite finalement, un fonctionnaire m'invite à passer le sas de sécurité pour me rendre au 2ème étage. La porte de l'ascenseur s'ouvre alors sur un immense *open space*, si *open* que… je n'y vois personne.

J'imagine alors la pensée du sceptique: «*Ha! Je comprends: en fait, ils se sont tous libérés*». Pas faux. Je repère une dame qui m'explique: «*la plupart du personnel a choisi ne pas venir aujourd'hui. Mais…*», lisant sans doute l'interrogation sur mon visage, «*certains viendront peut-être tantôt*» s'empresse-t-elle d'ajouter avant de disparaître à son tour. De quoi laisser songeurs ceux que le doute ronge: bienvenue dans le ministère libéré, le lieu où les fonctionnaires libérés ne daignent même plus venir acter leur présence!

«*Oui, ça fonctionne!*» ne lance Laurence, en se plantant devant moi avec son beau sourire. «*Et en plus c'est voulu*» surenchérit-elle, histoire d'enfoncer le clou. «*D'ailleurs, nous souhaiterions qu'ils puissent télétravailler à loisir, mais le code du travail nous impose un minimum de deux jours de présence par semaine.»* Tout en appelant de ses vœux la réforme de ce suranné code du travail, Laurence propose, en attendant, que ses collaborateurs *s'absentent* du bureau jusqu'à trois jours par semaine.

Laurence serait-elle une DRH *new age*? Plutôt happy en fait: c'est sa carte de visite qui le dit – *Chief Happiness Officer* – et plutôt épanouie car adoubée et soutenue par Frank Van Massenhove, son président visionnaire et patron du Ministère. Lui-même démanteleur de pointeuses, «*ces rémanences de* ***taylorisme*** *qui décrètent l'efficacité d'un salarié par sa seule présence physique durant le temps requis*», il demande: «*depuis quand la qualité des réalisations de chacun dépend-elle d'une pointeuse?*»

Le lecteur avisé sait déjà combien cette remarque peu anodine sent le soufre. Oui, elle vise le fondement même de l'organisation hiérarchique traditionnelle. Le Président Van Massenhove ne dit rien d'autre lorsqu'il évoque «*un changement total de cap managérial*» ou «*l'adoption de comportements éclairés vis-à-vis des collaborateurs*». Mais cette transformation radicale propre à dérouter bien des managers classiques ne constitue qu'une évolution –bien que radicale, pas une révolution. Laurence Vanhée l'explique clairement dans ce livre.

Il ne s'agit pas de faire tomber des têtes mais bien plutôt de les relever, ensemble. Bien sûr, il faut former et accompagner les *managers* dans leur fonction de *leaders* – donc au service – d'une équipe dont 70% choisissent le télétravail trois jours sur cinq. Bien sûr, il faut patiemment convaincre les salariés et les partenaires sociaux. Cela implique aussi que toutes les fonctions supports d'une organisation bureaucratique conventionnelle réinventent leur mode de fonctionnement, qu'elles procèdent du Management Control, des Finances, de l'IT, de la Direction…

Et les RH dans tout ça?

Les RH? Eh bien elles se logent au cœur même de cette évolution irréversible; justement parce qu'elles se posent comme les gardiens du temple bureaucratico-hiérarchique avec ses attributs: organigramme, règlement interne, pointeuses, descriptions de poste et d'heures 'sup', etc. Et en France, d'ajouter: planification des congés et des RTT c'est-à-dire *Réduction* (**comprenez** '*Récupération*') du Temps de Travail; traduction pour les belges: *Remets Tes Tongs*.

Ainsi placées au cœur, les RH *peuvent* alors devenir le catalyseur de cette évolution, à condition qu'elles le veulent, d'où le 'peuvent' en italiques. Pour autant, plutôt que de se porter à la pointe de l'innovation organisationnelle, bien des départements RH organisent la résistance à ce changement. Laurence en explique très bien les multiples fausses bonnes raisons. Mais la libération -que les nouveaux temps de constante incertitude exigent désormais de chaque organisation pour sa survie- est en marche et rien ne l'arrêtera, avec ou sans RH à ses côtés.

Comme l'affirme Jean-François Zobrist, un patron libérateur, «*dans la démarche de libération de l'entreprise il y a des productifs indirects qu'on peut faire évoluer en productifs directs, tel un contremaître qui devient un commercial. Mais les RH non seulement ne servent à rien car leur bonheur fait le malheur des productifs directs qui les nourrissent, mais de plus, ils sont in-recasables.*» Et Zobrist de conclure: «*leur seul avenir dans la démarche de libération, c'est de transformer 'RH' en 'Rendre Heureux'.*»

Oui mais comment y parvenir? En commençant par suivre les suggestions de 'Happy RH' de Laurence Vanhée.

Introduction

«Les rêves donnent du travail.»

Paulo Coelho

On pourrait se demander ce qu'un énième livre sur les ressources humaines va bien pouvoir changer. Rien, probablement. Ou peut-être que si. Mais ça, ça dépend de vous, lecteurs.

Nous sommes en 2013. Cela fait maintenant 17 ans que je traîne une éducation d'ingénieur commercial dans le petit monde feutré des ressources humaines. Et il s'en est passé des événements et des non-événements, en 17 ans.

En 1994, j'en étais encore à apprendre les organisations tayloriennes, hiérarchiques, bureaucratiques et le début des matricielles à HEC Liège. Bref, de quoi effrayer durablement un étudiant et de l'éloigner à tout jamais des RH. Et pourtant…

Quand j'ai commencé à me faire les dents, en 1995, on entamait seulement la migration linguistique du Service du Personnel (à très forte concentration de comptables et autres financiers au mètre carré) vers la glorieuse Gestion des Ressources Humaines (RH).

- On lançait des débats animés et passionnés (toujours actuels d'ailleurs) sur la présence impérative ou non des RH à la table du Comité de Direction.
- On formait la profession à comprendre et traduire la stratégie du business en objectifs RH SMARTT[1]. On développait des indicateurs de performance clés (KPI) en émettant des facteurs critiques de succès (CSF).
- On développait un franglais de bon aloi: leadership, coaching, feedback constructif…

Je me souviens encore en 2000 de nos tentatives désespérées pour traduire ce vocabulaire anglo-saxon afin de permettre une meilleure intégration desdits concepts dans des organisations françaises qui, fortes de leur exception culturelle, rechignaient à prononcer «manadjemènte» et non pas «management» comme dans «au secours maman».

La profession était en pleine mutation, divinisant en 1998 le professeur Dave Ulrich et érigeant son «HR Champion» en bible de tout apprenti RH. Je l'avoue volontiers: ce livre (r)est(e) la fondation de toutes les structures RH (chapitre 1) que j'ai mises en place depuis 2001. Un vrai

…….

1 Je me suis juré que ma Maman comprendrait mon livre. Donc pour toi, Maman, j'ai fait un glossaire qui reprend tous les sigles, termes professionnels et le jargon propres à nos métiers.

basique de la culture générale des RH. Si vous ne l'avez pas lu, fermez ce livre et courez acheter celui de Dave Ulrich. Parce que c'est là que tout commence.

A la fin des années 90 et au début des années 2000, ce fut l'âge d'or de l'industrialisation des Ressources Humaines: la construction des «usines à gaz» en surveillance de la mesure de la performance, en mesure du retour sur investissement (ROI) des formations, en gestion des compétences, en benchmarkings salariaux et autres politiques hyper complexes de gestion salariale (traduite par ailleurs dans la terminologie savante de «Compensation & Benefits», ce qui opacifie encore plus le sujet). Les RH devinrent un vrai parc industriel.

Les RH s'entendirent tant et si bien à tout complexifier que leur nouvelle devise fut quasi «shadokienne»: «*pourquoi faire simple quand on peut faire compliqué*» (chapitre 7). A tel point qu'il fallut d'une part, *outsourcer* à tout va pour gérer des systèmes devenus ingérables en interne: SIRH, paie intégrée, etc., et d'autre part: recruter à la pelle tant les processus étaient lourds et gourmands en ressources.

L'armée mexicaine RH était née. Et son corollaire également: le terrible ratio support/opérationnel. Dit sur un ton débonnaire: «*combien de RH avez-vous dans votre organisation pour combien de collaborateurs générant de la marge?*» Parce que c'est bien connu, les RH c'est uniquement un centre de coûts. Un poids. Une plaie. Il fallait donc impérativement dégager à l'extérieur de l'organisation ce qui ne créait pas de valeur en interne.

C'est à ce moment que les RH ont définitivement contracté le syndrome de «Calimero»: «*c'est vraiment trop injuste!*»

- Trop injuste qu'on ne nous accorde pas les ressources nécessaires pour faire tourner nos usines à gaz;
- Trop injuste qu'on ne nous invite pas en permanence aux réunions du comité de direction;
- Trop injuste qu'on nous critique;
- Trop injuste qu'on remette sur nos frêles épaules la responsabilité de tous les maux de l'organisation;
- Trop injuste qu'on nous laisse nous engluer dans de l'opérationnel et du transactionnel alors que nous, on veut du stratégique;
- Trop injuste!

2005. Le rôle le plus envié des activistes RH était celui de *Business Partner*. La reconnaissance, enfin! Ce titre conférait à son détenteur le droit de devenir un pair des directeurs généraux, financier, informatique, etc. C'est d'ailleurs ce qui a permis au RH de rejoindre le petit cercle très fermé et exclusif des CxO: CEO, CFO, CIO... CHRO. Quelle consécration! Quel gargarisme dans les cocktails des fournisseurs RH. La hiérarchie s'établissait: CHRO, Vice-Président, Directeur, Manager... Nous avions le droit d'adopter le vocabulaire du business. Si ça, ce n'est pas la preuve formelle de la traduction de la stratégie business en stratégie RH, on se demande ce que c'est.

Ne vous méprenez pas. Je ne crache pas dans la soupe. J'ai été très fière de me hisser en haut de cette échelle sociale RH. Mais, une fois les derniers barreaux atteints, il devient évident que ce n'est pas une fin en soi. Cette échelle grimpée avec tant de peine, de travail, de sueur, de frustrations... ne débouche pas sur l'horizon dégagé par le dernier barreau. Non; cette ascension ne constitue que le prélude d'une nouvelle aventure (chapitre 2). Alors, *what's next?* Que faire maintenant? Existe-t-il une alternative? Une possibilité de faire des ressources humaines autrement?

J'en suis intimement convaincue et c'est ce que j'aimerais partager avec vous: *Happy RH*; une autre gestion des ressources humaines. Une approche où l'on parle de liberté, de responsabilité, de performance et... de bonheur!

- Celle où des leaders inspirés et inspirants déploient du courage, éprouvent de la compassion, transmettent de l'énergie positive, apportent une vision et de l'enthousiasme.
- Celle où les media sociaux se font l'écho de la voix de l'organisation, aplanissant la hiérarchie et accélérant la collaboration.
- Celle où l'on embrasse l'amélioration continue en déposant des KISSSS.
- Celle des environnements de travail dynamiques, où peu importent l'endroit et le lieu, pourvu que les résultats soient atteints dans le respect des valeurs d'entreprise.
- Celle où l'on considère les collaborateurs comme des adultes; mieux... comme des amis.
- Celle où la confiance est la règle d'or.

C'est le voyage que je vous propose d'entamer ensemble. Non, il n'y aura pas d'angélisme et nous ne visiterons pas le pays des «Bisounours». La route est parsemée d'échecs, de doutes, d'hésitations… et cela aussi, je le partagerai avec vous. Mais il y a aussi beaucoup de succès à la clé. Et du bonheur.

Raidi ou *Ready*? Alors, on s'installe confortablement et on se met un fond de musique… un album de Raphael Saadiq, *Stone Rollin'* par exemple?! Et c'est parti!

CHAPITRE 0

Les RH avant les *Happy* RH

«On peut commencer n'importe où, même par le commencement.»

Jean-Claude Carrière

De un : assurer ses basiques

Convenons-en, il semble illusoire de lancer le concept de 'Patrimoine Humain' ou de revisiter les initiales RH pour accoucher de sémillants avatars comme '**R**endre **H**eureux' ou 'gestion des **R**ichesses **H**umaines' si les collaborateurs ne sont pas recrutés convenablement, payés correctement et à temps ou si les budgets sont explosés. Cela paraît tellement évident, mais ça va mieux en le disant.

Avant de pouvoir revendiquer la focalisation sur le bonheur, le développement des talents, le leadership inspiré, le 2.0 et autres plaisirs RH, il faut bien s'assurer du B.A.-BA de BAsique:

1. Recruter des talents ad hoc;
2. S'employer à ce que ces talents puissent réellement mettre en œuvre ce pour quoi ils sont payés (via un plan de formation et pas forcément déjà via un plan de développement);
3. Les rémunérer et garder l'administration en ordre;
4. Maîtriser les coûts et sortir quelques indicateurs;
5. Fournir un plan structurel de l'organisation. Ne jamais sous-estimer l'organigramme, un fondamental permettant de déboucher sur des outils RH à valeur beaucoup plus ajoutée.

Certes, tout cela ne sonne pas très sexy. Mais arrêtons de nous leurrer. Sans la maîtrise de ces 5 éléments, aucun patron ne se sentira en confiance. Aucun patron ne nous laissera l'opportunité de développer une quelconque initiative d'envergure. Et il faut reconnaître que là, nous manquons souvent de rigueur. Du coup, bien des dirigeants d'entreprise hésitent à prêter l'oreille aux discours de développement, d'enquêtes de satisfaction, de gestion de talents, etc. Fondamentalement, ils n'ont pas tort.

Toutefois, ce n'est pas une raison suffisante pour éluder la culture d'entreprise, le développement du leadership, l'instauration de nouveaux modes de travail. Pour la plupart des patrons de PME ou de TPE, seuls les 5 points énoncés ci-dessus importeront. Si vous vous adressez à un CEO, il voudra probablement ajouter quelques notions complémentaires. Mais le quintet de tête des objectifs RH restera le même tant que leur maîtrise n'atteindra pas un niveau de qualité suffisant.

Pour nos chers CxO, tout le reste de nos activités RH n'est malheureusement que cosmétique, même si vous et moi savons pertinemment qu'elles demeurent au moins aussi cruciales. D'ailleurs, un département

RH qui se contenterait de réaliser ces 5 objectifs manquerait cruellement de crédibilité, d'ambition, d'imagination, d'anticipation et par extension, de sens du business. Alors, comment faire pour gérer son quotidien et anticiper le futur?

De deux: structurer son activité

Il est de notoriété publique que les gestionnaires de ressources humaines pratiquent régulièrement l'art du grand écart, avec assiduité et persévérance:

- grand écart entre la vision à long terme et l'action à court terme;
- grand écart entre les besoins du business et ceux des employés;
- grand écart entre les budgets disponibles et les calculs de ROI.

C'est ce que Dave Ulrich définit dans sa célèbre matrice. Selon Ulrich, les DRH remplissent 4 fonctions à exercer de concert: un vrai jeu de rôles! Découvrons ces quadrants plus en détail:

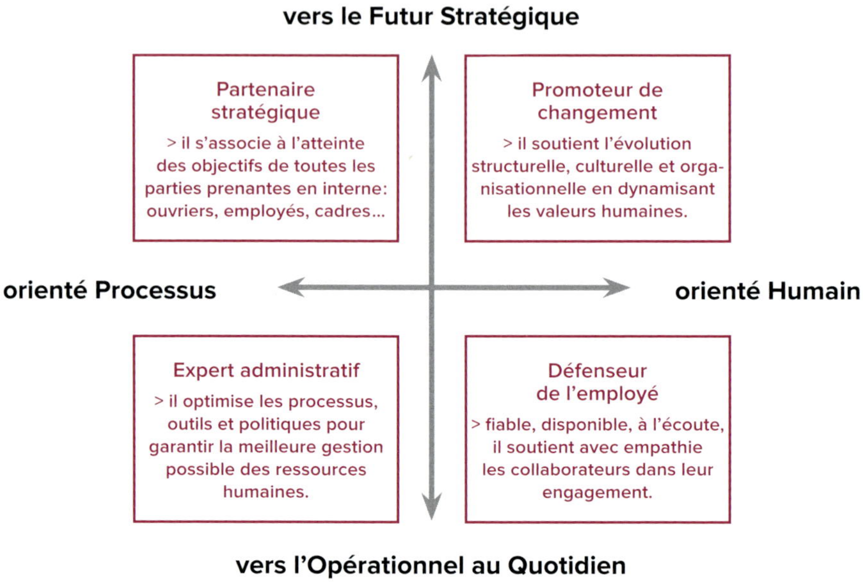

Partenaire stratégique (*Business Partner*)

Le DRH doit s'attacher à établir une stratégie RH en phase avec les besoins du business; business représenté par le dirigeant de l'entreprise et les responsables des départements en prise directe avec les clients ou l'activité-clé de l'entreprise. Les *business partners* mettent donc tout en œuvre pour anticiper les besoins du business, pour préparer les compétences des collaborateurs aux futurs défis à relever et pour évaluer la performance de chacun des employés. Ils adoptent le vocabulaire du business: ROI, CSF, KPI, et autres strategic ou recovery plans. Ils établissent des plans de staffing à 3 ans. Ils positionnent l'organisation vis-à-vis d'une politique salariale (classification de fonctions, comp-&ben, plan de stock-options, bonus policy...).

Promoteur de changement (*Change Agent*)

Les responsables RH ont également pour mission de développer une organisation agile et engagée, favorisant une entreprise plus performante, plus productive, dans laquelle chacun se trouve en phase avec la mission et les valeurs définies et partagées. Ils se doivent de gérer les talents de la société, de former le leadership aux nouveaux modes de travail (télétravail, environnement de travail dynamique, *flexiplace/flexitime*, BYOD, etc., abordés au chapitre 6) et d'implémenter de nouveaux outils. Tous ces éléments assureront le succès futur de l'organisation.

Défenseur de l'employé (*employee's champion*)

A l'écoute du personnel, les responsables RH s'efforcent aussi de répondre aux attentes des collaborateurs de la société. Ils doivent pouvoir attirer les talents, les recruter, maintenir leur niveau d'implication, les former, les développer et construire un environnement de travail dans lequel ces talents pourront se motiver pour donner le meilleur d'eux-mêmes dans la course aux résultats. Ils veillent également à entretenir de bonnes relations quotidiennes avec les partenaires sociaux. Lorsqu'ils parviennent à combiner tous ces rôles, alors peut-être sont-ils reconnus comme un «champion» par leurs collaborateurs.

Expert administratif (*administrative expert*)

Enfin, les responsables RH veillent au respect de la règlementation. A cette fin, ils s'engagent dans une guerre impitoyable contre les erreurs administratives à coup de procédures, de contrats d'outsourcing et de règlements en tout genre. Ils proposent des packages salariaux compétitifs, diversifiés et attractifs. Ils peuvent aussi agir comme gestionnaires de l'environnement de travail, du facility management à la gestion de l'immobilier.

Pour l'avoir mis en œuvre dans des sociétés du secteur privé (de niveau national et international, cotées ou non) et dans une administration fédérale (ministère) du secteur public belge, je peux témoigner que la matrice d'Ulrich fonctionne. Cette structure permet autant au business qu'aux membres de l'équipe RH d'y voir clair dans la répartition des rôles et des responsabilités, tant au sein des RH qu'entre les RH et le management. Elle réduit le grand écart en focalisant chaque quadrant sur un aspect à court ou long terme ainsi que sur une approche business ou people. Cela aide fortement les professionnels RH à assumer et à gérer la multiplicité des personnalités en présence tout en rationalisant les efforts: services partagés pour les fonctions 'Défenseur de l'employé' et 'Expert Administratif'; profils plus pointus et stratégiques dédiés à une business unit pour les fonctions 'Partenaire Stratégique' et 'Promoteur de Changement'.

Mais, en structurant toute l'activité RH sur cette matrice, sommes-nous vraiment sûrs de gérer des ressources littéralement «humaines», c'est-à-dire des hommes et des femmes qui souhaitent naturellement – et en toute logique – être considérés comme tels et non comme matricule 'xyz'? La question mérite d'être posée. La suivante aussi: comment et où trouver la réponse? Peut-être dans une approche marquetée (je sais, quel vilain mot) de la gestion des ressources humaines.

De trois: faire du MaRHketing

Partons d'une constatation simple: si le marketing s'attache à attirer prospects et clients, les RH s'attachent à attirer talents et collaborateurs. A priori, marketing & RH ont beaucoup de choses à apprendre l'un de l'autre. Voici donc un petit guide pratique de MaRHketing en 3 règles de bon sens et 8 étapes essentielles.

Règle n°1: vendre ou ne pas vendre son âme au diable?

Quiconque pense au marketing et à ses effets voit son cerveau assailli d'images plutôt désagréables: dépliants et tracts fleurissant dans la boîte aux lettres; deux barils de poudre à lessiver contre un autre qui lave plus blanc que blanc, ou encore la couverture de la 1.267^{ème} édition de la bible du genre signée de Dieu lui-même: Philip Kotler.

Le marqueteur et sa technique souffrent d'une réputation de grand manipulateur: tel frigo pour cet inuit, telle crème à bronzer pour cette mère de famille bantou. Passé ces clichés, le marketing permet principalement de mieux connaître son marché, de segmenter ses clients sur base de critères communément partagés et ainsi, de mieux adapter à leurs besoins les services ou produits qui leur sont délivrés.

Pour Kotler, le marketing est «*un processus social grâce auquel les individus et les groupes obtiennent ce dont ils ont besoin et ce qu'ils veulent via la création et l'échange de valeurs avec les autres.*» Barwell ajoute en outre qu'il s'agit non seulement de satisfaire ces besoins à court terme mais également de les anticiper dans le futur, dans le but d'une action de rétention. Et Peter Drucker de conclure que pour faire du marketing, il suffit de voir l'ensemble du business et du résultat final à travers les yeux du client.

Marketing et Ressources Humaines mènent le même combat: celui d'attirer les clients / les talents, de les satisfaire, de les retenir et d'en faire leurs ambassadeurs. CQFD! Mais a priori, les deux s'y prennent par des chemins qui, s'ils ne sont pas opposés, sont complémentaires.

Règle n°2: nos collaborateurs sont nos amis, il faut les aimer aussi.

Imaginez-vous un instant dans la peau d'un(e) employé(e) qui – hypothèse plus qu'incertaine – a le choix entre deux départements de Ressources Humaines. Ces deux départements vous proposent la même batterie de services: recrutement, paie, formation, gestion de carrière, etc. MAIS – notez qu'il s'agit d'un grand MAIS:

- le premier département connaît et valorise votre valeur ajoutée au sein de la société; il vous considère réellement comme une personne, avec votre culture et les caractéristiques propres à votre génération.
- a contrario, le second département se retranche derrière des règlements, des services externalisés, des indicateurs de performance et autres processus en tous genres pour justifier une approche professionnelle mais aseptisée et déshumanisée de votre dossier.

Vers lequel de ces 2 départements iriez-vous en cas de besoin RH? Le premier j'imagine. En tout cas, c'est là qu'irait ma préférence. La rationalisation des processus et le suivi des indicateurs sont bien entendu nécessaires mais pas suffisants malgré tout. Il n'en demeure pas moins vrai que les deux systèmes sont complémentaires.

Imaginez maintenant que vous êtes DRH et que vous ayez un département RH concurrent du vôtre au sein de votre société. Vous avez 6 mois pour faire la différence afin de rester LE département RH que le management – et les employés! – plébisciteront. Quels sont vos avantages concurrentiels et l'approche spécifique que vous allez mettre en avant pour sortir du lot?

Quel point de départ prendre pour élaborer une réponse? Commencez par considérer les collaborateurs de votre organisation comme les clients d'une PME «Gestion des Ressources Humaines» active au sein même d'un plus grand groupe qu'est l'organisation. Cette vision permet d'aborder la GRH sous un autre angle, celui du service au client et donc, d'utiliser les concepts du marketing. Ainsi, le département des ressources humaines s'attachera à mieux connaître et satisfaire les besoins de ses stakeholders ou parties prenantes de référence.

Je souhaite à ce stade ouvrir une petite parenthèse théorique pour marquer la différence entre le 'besoin', le 'désir' et la 'demande' du client ou du collaborateur afin de pouvoir ensuite mieux nous focaliser sur les actions les plus efficaces ou «impactantes».

1. Le 'besoin' procède d'un sentiment de manque nécessaire à l'atteinte d'un état considéré meilleur que le précédent. Par exemple, une formation pour mieux maîtriser le logiciel de diaporama PowerPoint procède d'un (plus grand) besoin de professionnalisme ou bien d'autonomie, ou encore d'une meilleure reconnaissance de ses collègues ou chefs.
2. Le 'désir' se rapporte au moyen privilégié pour satisfaire ce besoin. Un employé peut désirer choisir un cours particulier plutôt que collectif. Les deux solutions présentent des avantages spécifiques certains dans la maîtrise du logiciel mais les conditions d'apprentissage diffèrent.
3. La 'demande' correspond à l'accès à certains services ou produits grâce à un pouvoir d'achat. Par exemple, un cours collectif de PowerPoint à 150€ la journée / personne peut jouir d'une demande importante, contre une demande sporadique pour un cours particulier à 1.500€ la journée.

Afin de rester concentrés sur l'essentiel, les gestionnaires des ressources humaines doivent s'exercer à distinguer ces trois notions en se focalisant principalement sur l'analyse du besoin.

Règle n°3: Le processus marketing n'a de sens que s'il a une direction.

Philip Kotler recommande à juste titre de considérer le processus marketing dans son intégralité. Ainsi, il convient de l'aborder d'abord sous un angle stratégique; puis, une fois les choix stratégiques validés, de les concrétiser par une approche plus opérationnelle. La transition entre les 2 est réalisée par le marketing-mix, une approche permettant d'établir une solution par la mise en perspective des critères de produits, prix, promotion, place (distribution), personnes et processus.

J'en profite pour rappeler qu'Ulrich recommande lui aussi des programmes stratégiques à long terme, (les rôles de Partenaire stratégique et de Promoteur de Changement) et des actions à court terme (les rôles d'Expert administratif et de Défenseur de l'employé. Bref, en quatre mots comme en cent, RH / Marketing: même combat.

Ainsi, huit étapes-clés se dessinent dans le processus de marketing appliqué aux ressources humaines, comme indiqué dans le graphique ci-dessous.

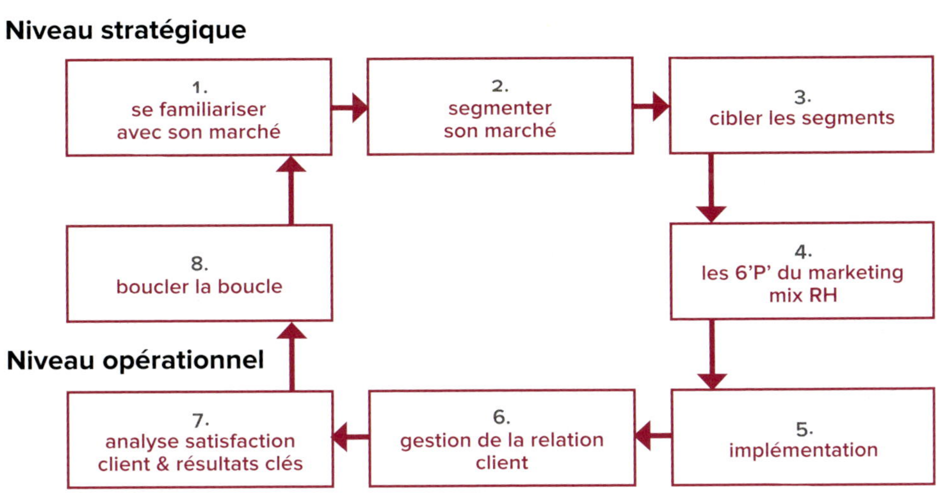

Etape n°1: Se familiariser avec son marché

Pour bien connaître le marché dans lequel l'équipe des ressources humaines doit évoluer, il me paraît important de détailler la carte d'identité de la société sous deux angles distincts, celui du business et celui des personnes:

1. Approche *business*: Qui est la société? Quel est son core-business? Quel est le stade de développement de la société: naissance (*start-up*), croissance, maturité, déclin? Quels sont les concurrents? Quels sont leurs avantages compétitifs? Comment se positionnent-ils en tant qu'employeurs (niveau de rémunération, employer branding...)?
2. Approche *people*: Quels sont les *corporate statements* soutenant l'organisation (mission, vision, valeurs)? Quelle est sa culture? Quelle est sa structure (*inside/out*: la société part de son know-how interne pour adresser le marché; ou *outside/in*: la société part des besoins de ses clients pour s'organiser en interne)? Quels sont les profils (compétences, expériences, coût société, type de contrat, etc.) nécessaires à l'atteinte des objectifs de la société?

La bonne connaissance du marché de l'organisation permettra à l'équipe RH de choisir la meilleure façon d'aborder ce marché, grâce à la segmentation.

Etape n°2: Segmenter son marché

Segmenter son marché (interne) consiste à déterminer les caractéristiques communes aux employés et les regrouper par similitude(s). Chaque groupe ou segment révèle des besoins différents de ceux du segment voisin. Dans le cadre d'une approche RH, il existe de nombreux moyens de segmenter ses publics internes: par diversité ou spécificité culturelle, par genre, par niveau d'éducation (diplôme), parcours professionnel, fonction au sein de l'organisation (leadership / gestion de projets / expertise / ventes, etc.), ou encore par valeur ajoutée intrinsèque (abordée plus bas). Et bien entendu, l'un des plus actuels: par génération au travail.

Ces générations au travail se suivent sans se ressembler. Actuellement, 3 générations se disputent le marché de l'emploi. A leurs attentes correspondent des caractéristiques fondamentalement différentes. Il faut absolument en prendre conscience pour définir une politique cohérente de ressources humaines.

Sans vouloir tomber dans la caricature, voici quelques spécificités identifiables:

	Baby boomer (1945-60)	**Génération X (1960-80)**	**Génération Y (1980-2000)**
Type de leadership	C'est moi le boss. Je fais confiance mais je vérifie.	Je travaille comme je l'entends. Respectez mon indépendance.	Je prends part aux décisions. Ne me commandez pas, collaborons.
Approche du travail	Plus quantitatif, sur site: 50-60h/semaine	Plus qualitatif, flexible: je travaille pour vivre, je ne vis pas pour travailler	Je travaille quand j'en ai besoin, quand je veux et où je veux.
Motivation	Acquérir des biens et la reconnaissance sociale	Trouver un équilibre vie professionnelle/ vie privée	Appartenir à une tribu; satisfaction immédiate
Formes de communication	Communication formelle basée sur le respect de la hiérarchie: face à face, réunions, correspondance…	Communication informelle basée sur le respect des gens: directe, instantanée et flexible.	Communication technologique, gadgétisée, instantanée et *fun*: nous sommes tous amis.

Les employés **Baby-Boomers**, nés entre 1945 et 1960, se caractérisent par leur loyauté envers leur employeur, loyauté récompensée par des promotions. Ils connaîtront en moyenne de 2 à 4 employeurs durant leur carrière. Leurs motivations? Toutes formes de rémunération et des signes distinctifs d'appartenance à un certain niveau hiérarchique: bureau d'angle, voiture de société correspondant à leur statut, titre, accès à certains privilèges, etc. Ils apprécient également que leur soit témoigné le respect dû à leur séniorité et l'autorité qui en découle.

Les employés de la **Génération X**, nés entre 1960 et 1980, se caractérisent par leur loyauté envers leurs collègues – leur pairs – et aussi leur boss si celui-ci fait preuve de charisme. Ils connaîtront en moyenne de 5 à 10 employeurs durant leur carrière et leur employabilité sera récompensée. Dès lors, ils accentuent fortement le développement de leurs compétences afin de pouvoir rebondir plus facilement que leurs parents en cas d'accident de carrière. Leurs motivations? Un bon équilibre vie privée/vie professionnelle (donc un environnement de travail flexible) et une gestion liée aux résultats. Ils sont adeptes d'une approche cool (*casual* en anglais) de la vie professionnelle, par exemple le *casual Friday* étendu au reste de la semaine, le *MBWA*, etc.

Les employés de la **Génération Y** (appelés aussi génération *dotcom* ou encore *Millennials*, parce qu'entrés sur le marché du travail avec le nouveau millenium) nés entre 1980 et 2000, se caractérisent par leur loyauté envers leur «tribu», c'est-à-dire ceux de tout âge qui partagent la même vision et les mêmes valeurs qu'eux. Donnant-donnant, ils se montreront loyaux à l'entreprise aussi longtemps qu'ils pourront adhérer à sa mission, ses valeurs et aux avantages qu'elle leur procure. Adeptes du *fun at work* (plaisir au travail), de la technologie et des gadgets électroniques, ils refusent catégoriquement tous les jeux politiques et autres signes d'autorité abusifs. Et comme ils débutent dans la vie, ils veulent un maximum de cash et tout de suite. Enfin, cerise sur le gâteau, les sociologues s'attendent à ce qu'ils opèrent de 4 à 10 orientations de carrière différentes!

De la génération Y, nous voyons émerger une autre génération (société?) totalement indépendante de l'âge et dont la communication constitue le fondement: la **Génération F** (pour Facebook) ou **Génération C** (pour Connecté, Computer, Collaboratif...) ou encore les **Digital Natives**. Cette génération se distingue par l'adoption et l'usage (parfois excessif) des media sociaux. Elle est quasi virtuelle, créant son monde en dehors des codes et des usages de la vie réelle. On se tutoie, on échange des infos, on partage ses problèmes et on contribue gratuitement à résoudre ceux des autres (principe du crowdsourcing). Cette nouvelle génération ne témoigne pas de respect particulier pour l'autorité et comprend encore moins la nécessité d'une quelconque hiérarchie. La collaboration est érigée en valeur de vie commune. La confiance s'accorde rapidement mais tout abus se trouvera sanctionné par l'ensemble de la communauté.

Si les Ressources Humaines abordent chacune de ces générations exactement de la même manière, sans mettre en place des moyens spécifiques de communiquer avec elles, de les récompenser et de les retenir, elles courent littéralement à la catastrophe sociale. Quelles que soient les segmentations, celles-ci doivent correspondre à la réalité du marché interne de la société. Elles réclament donc d'être définies avec soin car la segmentation va orienter toute la suite du processus stratégique.

Etape n°3: Cibler les segments (*targeting*)

Une fois les segments bien définis, le gestionnaire RH sera en mesure de sélectionner ceux qui représentent, pour lui comme pour le management de l'entreprise, les facteurs de succès les plus critiques dans la poursuite des objectifs de l'entreprise et leur réalisation. Prenons par exemple la segmentation par la valeur ajoutée intrinsèque des employés. Nous allons rapidement nous apercevoir que chaque segment ne requiert ni les mêmes efforts ni les mêmes actions.

Segmentation sur base de la valeur ajoutée intrinsèque

Gestion de Personnel sur base de la valeur ajoutée intrinsèque				
Ensemble des salariés				
les Loyaux	**Les Experts**	**Les Hauts Potentiels**	**Les bons *Performers*[2]**	**Les piètres *Performers***
dommages à court, moyen et long terme s'ils quittent l'organisation			dommages à court terme s'ils quittent l'organisation	bénéfices à court terme s'ils quittent l'organisation
Connaissances spécifiques	Compétences spécifiques	Potentiel spécifique		
5%	**10%**	**10%**	**70%**	**5%**

Les Loyaux désignent ceux qui possèdent le plus d'ancienneté et par conséquent une connaissance extrêmement pointue de tout ou partie de leur métier. Il est quasiment impossible de documenter cette connaissance. Illustration: une comptable qui, en dix ans, a appris à connaître chaque client, chaque fournisseur, et les petites habitudes de chacun en matière de paiement, possède une valeur ajoutée inégalable dans la gestion des liquidités de l'organisation. Si le marché de l'emploi offre assez facilement l'expertise 'comptabilité', il n'en va sûrement pas de même de la mémoire de cette employée. Aussi le nombre de Loyaux ne devraient pas dépasser plus de 5% du personnel. Sinon, en cas de départ, l'entreprise risque de perdre un pan entier de son savoir et dysfonctionner. Comment les Loyaux se sentent-ils valorisés? Par un management qui recherche leurs conseils et qui leur manifeste de la gratitude pour leur loyauté. En outre, les Loyaux feront l'objet de projets concrets de transfert de connaissances, de travail en binôme et d'anticipation de leur départ en retraite.

Les Experts ont une compétence tellement cruciale pour l'entreprise qu'il est quasiment impossible de trouver cette même compétence sur le marché de l'emploi. Il peut s'agir par exemple de la maîtrise d'une machine ou d'un processus complexe de fabrication, ou encore des codes de développement d'un logiciel-maison. Ces profils ne devraient

2 Lorsque l'expression '*performer*' s'applique à l'entreprise, le mot 'exécutant' représente sans doute la traduction la plus immédiate et fidèle. 'Exécutant' demeure néanmoins réducteur car il emporte l'idée que l'employeur prive la personne d'esprit d'initiative, à la différence de '*performer*' que tout francophone peut facilement rapprocher de '*performance*', qu'elle soit excellente ou médiocre. Aussi je préfère écarter le condescendant 'exécutant' au profit du 'performer'. Si les puristes de la langue de Molière ont daigné me suivre jusqu'à ces lignes, alors je sais qu'ils me pardonnent ce choix et je leur en sais gré ☺

pas dépasser 10% du personnel afin de limiter la perte de savoir-faire (know-how) en cas de départ. Comment les Experts se sentent-ils valorisés? Par la mise en exergue de leurs compétences: intervention dans des conférences, rédaction d'articles dans la presse spécialisée, en ligne...) et par le mentorat de juniors.

Les **Hauts Potentiels** (ou *Hipo*) ont la possibilité de mener une carrière de leader ou d'expert et d'accéder à moyen terme à des fonctions supérieures au sein de la société. Ils possèdent certaines aptitudes et sont motivés par de plus hautes responsabilités. Ces employés ne dépasseront pas 10% du staff afin de gérer plus efficacement les ambitions de chacun et limiter la gestion énergivore de divas. Les hauts potentiels seront motivés par des plans de développement personnel, un plan de carrière en lien avec les fonctions critiques et stratégiques de la société. Ils feront l'objet d'un mentorat au sein de la société.

Les **bons Performers** s'acquittent bien des tâches pour lesquelles ils sont rémunérés. Dès lors, afin de continuer de délivrer le meilleur de leurs compétences, ils s'estiment en droit de recevoir des prestations RH de qualité ainsi qu'un réel soutien et accompagnement de la part de leur management. Ils représentent en moyenne 70% du staff de l'entreprise. Une bonne rotation de ce type de personnel permet à l'organisation de se renouveler avec du sang neuf.

Enfin, les **piètres Performers** déçoivent les attentes que l'entreprise a placées en eux. Pour l'une ou l'autre raison restant à analyser, ils ne remplissent pas ou plus les conditions requises qu'exigent leur statut ou fonction lors de l'embauche. Ils font dès lors l'objet d'un plan d'action pour tenter de rectifier cette situation. Ils ne doivent pas représenter plus de 5% du personnel afin que le manager et les RH continuent de concentrer leurs efforts sur les employés dégageant une plus forte valeur ajoutée.

Chacun des hommes et des femmes qui composent ces segments aura accès à des services RH «personnalisés» afin d'y puiser leurs propres éléments de motivation et de rétention. Comme l'indique le tableau, constatons qu'en respectant ces proportions, un maximum de (seulement) 25% du personnel est considéré comme critique pour le succès de l'entreprise. Dès lors, les 3 segments (Loyaux, Experts et *Hipo*) feront l'objet soit d'un plan de succession, soit d'un plan de gestion des connaissances (knowledge management) soit d'autres plans particuliers de rétention.

En conclusion, nous remarquons que le ciblage des segments permettra aux Ressources Humaines de mettre en adéquation de façon plus efficace leur stratégie et les bénéfices directs de leurs actions, en dosant efficacement leurs efforts.

Etape n°4: Définir les services RH selon les 6P

Tout comme dans l'application traditionnelle du marketing défini par Philip Kotler, les RH peuvent s'inspirer des 6 'P' se rapportant aux Produit, Prix, Promotion, Place, Personnes et Processus. Si nous transposons cette approche dans la réalité RH, nous pouvons traduire les 'P' du marketing mix par les concepts RH suivants:

1. **Produits**: services rendus par les Ressources Humaines aux employés et au management, tels que la politique salariale, la formation, le développement de carrière, la pondération des fonctions, le développement des compétences, la gestion des talents, etc.;
2. **Prix**: budgets RH (des journées de formation aux voitures de sociétés) et politique salariale, dans la mesure où un positionnement plus ou moins agressif sur le marché de l'emploi aura des répercussions directes sur les objectifs de l'organisation;
3. **Place**: environnement de travail (entre autres: bureaux attribués ou non, espace partagé (pour *open space* > espace ouvert), environnement de travail flexible, espaces sociaux, télétravail (de chez soi ou d'ailleurs);
4. **Promotion**: communication interne (intranet, journal d'entreprise, media sociaux, plateforme collaborative, événements sociaux, communications officielles, diagramme de réunions, etc.) ou externe (employer branding, media sociaux, sites de recrutement, annonces presse, présence sur des foires ou dans des écoles, participation à des concours du meilleur employeur, etc.);
5. **Personnes**: profils nécessaires à la mise en œuvre de la politique RH, adéquation avec la culture d'entreprise, employés véhiculant les valeurs de l'entreprise, promoteurs de changements;
6. **Processus**: politiques et procédures RH telles que: classification des fonctions, gestion de la performance, gestion de la mobilité interne, politique de staffing, etc.

On le comprend, chacun de ces P se doit d'être adapté, le cas échéant de façon spécifique ou commune, aux différents segments préalablement définis et ciblés. Cela permettra la mise en œuvre de la politique RH cadrant le mieux avec la stratégie de l'entreprise et son core-business.

Ceci étant, reconnaissons la facilité à tomber dans le piège de l'usine à gaz en établissant une matrice multi-entrées (croisement des générations + valeur intrinsèque + classe de fonction + 6P + + +, etc.). Aussi faudra-t-il toujours vérifier cette approche combinant segmentation, ciblage et développement des services, en se basant à la fois sur le bon sens et sur les éléments essentiels à la politique RH. Précisément parce que nous n'évoluons pas au pays des Bisounours, «KISSSSons» (simplifions) constamment notre stratégie, encore et toujours.

Etape n°5: Mettre en œuvre les services

Une fois défini, mettre en œuvre le marketing-mix au quotidien représente le défi suivant. J'insiste ici sur le fait que si les ressources humaines doivent impliquer le top management de l'entreprise dès la première étape du processus afin d'en faciliter l'acceptation et l'intégration, cette démarche essentielle ne suffit pas. Les autres intervenants – le middle management tout comme les partenaires sociaux, s'ils sont présents dans l'organisation – constituent un public clé. Car impliquer les collaborateurs dans un processus de co-création s'avère souvent payant, surtout si l'on prend la peine de recueillir leur feedback dans une étape pilote.

Etape n°6: Gérer la relation avec le client

Tout comme les spécialistes de la vente ont inventé le CRM (le Customer Relationship Management), il est également essentiel que les responsables des ressources humaines gèrent la relation avec «leurs clients» qui constituent, faut-il le rappeler, les collaborateurs de l'organisation. Le traitement et le suivi des besoins, les questions, les requêtes, les griefs, etc., doivent être appréhendés avec sérieux, professionnalisme et empathie. La segmentation ne dispense en rien les RH de connaître les employés en tant que personnes et non uniquement en tant que «groupe cible». Ils doivent également créer une vraie relation d'Homme à Homme. L'organisation et les outils RH doivent donc soutenir le développement de ces bonnes relations.

Etape n°7: Analyser la satisfaction du client et les résultats clés

La 7ème étape consiste à analyser la satisfaction des employés vis-à-vis des services RH (et non pas vis-à-vis de leur salaire ou du modèle de leur voiture). Cette étape demeure critique pour mesurer la performance et la justesse du processus maRHketing. La crédibilité de la mesure n'en sera que plus renforcée si cet audit est mené par une société extérieure à l'entreprise, gage de confidentialité dans le traitement des données.

Chaque indicateur de performance, quant à lui, (rétention, niveau d'engagement, pourcentage d'atteinte des objectifs fixés, évolution de la culture, etc.) doit être mesuré avec objectivité. Des actions nécessaires seront entreprises pour toujours améliorer ce niveau de performance... tout en maintenant une notion de *good enough*. Bien sûr, on peut toujours faire mieux. Mais chaque 'mieux' a un coût qu'il convient, lui aussi, d'analyser avec objectivité.

Suite à une enquête de satisfaction, il peut donc s'avérer utile de classer toute action à entreprendre en: «critique; doit être mise en œuvre; devrait être mise en œuvre; pourrait être mise en œuvre; idéale si elle était mise en œuvre (selon la terminologie de nos amis anglo-saxons: *critical*, *must do*, *should do*, *could do* et *nice to do*.»[3]

Etape n°8: Boucler la boucle

Enfin, de manière cyclique, environ tous les 12 à 18 mois, l'équipe RH réévaluera avec le management l'ensemble du processus en repartant de l'analyse du marché. Une nouvelle orientation stratégique, de nouvelles acquisitions, le lancement d'une nouvelle gamme de produits ou de services peuvent profondément modifier la structure de ce marché. Tenant compte de l'évolution constatée, les 7 autres étapes seront également passées en revue et adaptées en conséquence.

En résumé: MaRHketing, une stratégie 2 en 1... parce que l'organisation le vaut bien!

Le marketing vise à satisfaire les besoins des clients de l'entreprise. Les RH s'attachent à satisfaire et l'organisation et les besoins des hommes et des femmes qui composent l'organisation. Avant de pouvoir s'approprier les techniques du marketing, toute personne active dans les Ressources Humaines doit être 100% convaincue que chaque employé(e) existe non seulement comme client interne mais également comme personne. Une Lapalissade? Si je le mentionne, c'est que c'est loin d'être clair pour tout le monde. Une fois ce postulat de base bien intégré, il reste à se demander: «*de quels services RH l'organisation et les employés ont-ils besoin pour donner le meilleur d'eux-mêmes?*»

3 critique, doit faire, devrait faire, pourrait faire, serait sympa de faire

Au risque de me répéter, autant le management que les responsables des Ressources Humaines doivent intégrer que la mission RH comprend **4 rôles fondamentaux**:

1. le **Partenaire Stratégique** (*Business Partner*) traduit la stratégie de l'entreprise en stratégie RH;
2. le **Promoteur de changement** (*Change Agent*) permet à l'organisation d'évoluer et de préparer ses talents aux défis qui l'attendent;
3. le **Défenseur de l'employé** (*Employee's Champion*) offre un support professionnel et confère un sentiment de confiance dans la traduction au quotidien de la stratégie de l'entreprise;
4. l'**Expert administratif** (*Administrative Expert*) assure toute la logistique et l'administration.

Les responsables RH peuvent appliquer le processus complet du marketing à leur propre terrain de jeu s'ils en respectent toutes les étapes: analyse du marché, segmentation du marché puis ciblage, définition du marketing-mix des 6P (Produit, Prix, Place, Promotion, People, Processus), mise en œuvre du marketing mix, gestion des relations avec les employés, analyse de leur satisfaction et des indicateurs-clés de succès. Ils peuvent ensuite boucler la boucle.

Utiliser les techniques du marketing permet aux RH d'appréhender l'organisation en suivant l'exemple de ce que fait le business vis-à-vis de ses clients. RH et business parlent ainsi la même langue et par conséquent, accroissent leur respect mutuel. Pour autant, il ne s'agit pas de vendre son âme au diable. Non! Nous continuons de pratiquer l'art des relations humaines dans la mise en œuvre des services et processus les mieux adaptés au développement de l'organisation. Nous attachons une importance toute particulière à l'analyse des besoins RH en parallèle et en adéquation avec les besoins stratégiques de l'organisation; et à la recherche de réponses ad hoc.

De gestionnaires de ressources humaines, nous devenons *marketeers*: première étape vitale à une métamorphose irréversible pour devenir **Gestionnaire de Patrimoine Humain.** Au lieu d'exploiter des ressources, nous faisons fructifier un patrimoine; nous en augmentons la valeur et apportons une réelle dimension sociétale à notre mission. Cette fonction nous offre le sésame vers un nouveau rôle, plus enrichissant et épanouissant, celui de devenir pour l'organisation un contributeur de pérennité et de succès futur.

CHAPITRE 1

Investir dans Le Patrimoine Humain

«Ne fais jamais à tes collaborateurs ce que tu ne ferais pas à tes enfants»

Anonyme

«*Atmosphère, atmosphère, est-ce que j'ai une gueule d'atmosphère?*» Les cinéphiles auront reconnu une des plus célèbres répliques du cinéma français, celle d'Arletty dans 'Hôtel du Nord' de Marcel Carné. Ainsi, si je vous pose la question: «*pensez-vous être une ressource humaine?*» Je vous entends me répondre: «*Ressource humaine, ressource humaine, est-ce que j'ai une gueule de ressource humaine?*»

Le terme Ressource Humaine a vécu. Les gens, les personnes, elles, eux, vous, nous, toi, moi... nous ne sommes pas des ressources. En tout cas, pas moi; je ne me considère pas comme une ressource. Je suis une femme, une épouse amoureuse, une maman, une amie, une ingénieure commerciale, une liégeoise qui a vécu plusieurs années en Flandres, une belge européenne... tout cela si vous voulez, mais pas une ressource humaine. Je suis comme elle, lui, toi. Nous sommes des êtres humains et nous souhaitons nous épanouir dans tout ce que nous faisons; aux niveaux privé, professionnel et social, comme aux plans physique, intellectuel, émotionnel et spirituel. Chacun d'entre nous souhaite être reconnu(e) *pour sa valeur propre et sa contribution à l'organisation.*

Quant au monde professionnel, nous acceptons de mettre notre temps, notre énergie, notre cerveau et nos mains à la disposition d'un employeur si, de préférence:

- Il reconnaît notre valeur ajoutée et nous rémunère à la hauteur de nos compétences, ce qui nous évite des tracas bassement matériels;
- Il met à notre disposition un environnement sain et épanouissant;
- Il nous demande de travailler à des projets qui font sens;
- Il nous considère comme des adultes capables de réfléchir et de s'organiser, ce que nous faisons d'office très bien en dehors de notre lieu de travail.

Pourtant, la terminologie n'a pas vraiment évolué dans le sens de nos aspirations. De gestion du *personnel* (une espèce de magma englobant toute personne payée par un employeur pour effectuer un ensemble de tâches), l'expression a mué en gestion des *ressources* humaines (années 90) puis en *capital* humain (2000). Certes, la volonté d'accoler l'adjectif (qualificatif) 'humain' à *ressources* ou *capital* rappelle, comme pour rassurer le *personnel*, que oui, nous sommes bien des humains (substantif)... enfin, normalement. Malheureusement, dans cette dialectique aseptisée ne figure aucune référence à *nous*, en tant que personne unique. Si les mots n'ont pas vraiment décollé, que penser alors des mentalités et des comportements?

Quelles différences établir entre Ressources Humaines, Capital Humain et Patrimoine Humain?

1. Nous labéliser *Ressources* nous confine à la notion d'*exploitation de gisement* et ses mesures de performance afférentes. Ainsi, l'expression nous inscrit indubitablement et dans la chose et dans le court terme: un filon à exploiter jusqu'à son épuisement.
2. Nous étiqueter *Capital* nous confine à la notion d'*intangibilité* et de *vénalité*. Ainsi, l'expression nous inscrit indubitablement et dans le trivial et dans l'aléatoire: on le valorise (ou pas), mais *in fine* on vend! En clair, on se débarrasse de nous.
3. Nous adopter comme *Patrimoine* nous projette dans le *concret*, le *précieux*, la valeur; promesse de *prospérité* pour son propriétaire, héritage à chérir pour mieux le transmettre. Ainsi, l'expression nous inscrit indubitablement et dans la bonification et dans la durée.

Constatons que la symbolique des mots n'a rien d'anodin. Nous l'avons vu, la notion de *patrimoine humain* se détache, voire s'oppose, à celle de *capital humain*, par l'importance qu'elle revêt en termes de richesse intrinsèque et de pérennité, le tout dans la volonté de mettre l'Homme au centre des préoccupations. Quel parent n'a pas envie de transmettre aux siens son héritage – son patrimoine – composé de valeurs intellectuelles, relationnelles et comportementales, un certain savoir-être et savoir-vivre à développer et faire fructifier de façon responsable et durable?

***Capital* ou *Patrimoine* Humain? Quelques différences dialectiques induites**	
Capital	**Patrimoine**
Valeur nominale	Valeur intrinsèque
Court et moyen terme (spéculatif)	Long terme (pérennité)
Rendement	Evolution
Profit	Croissance
Revenus au centre des préoccupations	Hommes au centre des préoccupations
Indicateurs *hard* (quantitatifs), exemple: financiers	Indicateurs *soft* (qualitatifs), exemple: conditions de travail
Masse salariale	Collaborateurs
Compétences du personnel	Développement personnel
Coût salarial	Dépenses sociales

Pour évaluer le capital humain, on privilégiera plutôt des indicateurs financiers tels que le turnover, le pourcentage de masse salariale *versus* le chiffre d'affaires, le pourcentage de masse salariale investi dans la formation, le pourcentage de satisfaction du personnel, la productivité horaire, etc.

On retrouve régulièrement les mots 'capital humain' au sein de sociétés qui pratiquent allègrement (notez comme c'est bien dit) les stratégies financières d'optimisation: costcutting, lean, BPR (Business Process Reengineering), ABC (activity-based costing), downsizing, offshoring, disposal... Certains consultants classent hypocritement ces activités dans une catégorie «bénéfices durables». Oui, vous avez bien lu: on 'dégraisse' à tous les étages, on cherche le rôle stratégique des RH là-dedans; et on emballe le tout en y collant l'étiquette 'développement durable' pour faire tendance.

Le patrimoine humain, quant à lui, sous-tend les notions pérennes et durables de bienveillance (vouloir le – et non veiller au – bien) et de confiance. Je le répète: le patrimoine humain n'est pas synonyme d'angélisme en vogue au Pays des Bisounours. Au-delà du management et du leadership conventionnels, il s'agit d'aborder autrement son rôle de collaborateur (quel que soit le niveau hiérarchique), son rôle d'administrateur de société, de partenaire, d'actionnaire... Le patrimoine humain concerne tout le monde, quelle que soit sa place et quel que soit son rôle dans l'organisation.

Dans la gestion du patrimoine humain, les indicateurs peuvent être plus soft, 'doux' euphémisme désignant un ensemble de KPI plus qualitatifs donc moins facilement quantifiables; ou plus «long-termistes» donc plus négligeables pour les conseils d'administration de (grandes) entreprises soumis au dictat d'actionnaires insatiables, avides de rentabilité à deux chiffres sur un exercice de six mois, voire moins.

On l'aura compris, le patrimoine humain dépasse largement le cadre des DRH, même si ceux-ci détiennent une place privilégiée pour promouvoir de bonnes pratiques.

Intérêts du business et Patrimoine Humain, est-ce vraiment compatible et nécessaire de l'être?

Développer le patrimoine humain n'exclue pas de parler de performance, d'amélioration et de bénéfices. Ce ne sont pas des gros mots. Mais les KPI du Patrimoine Humain incluront aussi la résilience et la responsabilité. Ces deux notions demeurent réellement vitales.

Se focaliser exclusivement sur la sacro-sainte performance économico-financière mène aux dérives maintes fois constatées ces dernières années. Les crises financières et/ou économiques s'enchaînent à tel point que plus personne ne s'en émeut ou presque. Pourquoi s'en étonner d'ailleurs? C'est la loi de la jungle: les plus forts (en ingénierie financière) survivront, les plus faibles mourront. Nous vivons dans un bain de sang social permanent, sans plus même nous en rendre compte. A tout le moins, nous nous y résignons. Le principe de la soupe à la grenouille: à petite dose, on peut nous faire ingérer avec le sourire le pire des poisons.

La «soupe à la grenouille» aussi connue comme la «Grenouille qui ne savait pas qu'elle était cuite» est une allégorie fleurissant dans les séminaires de management sur la Gestion du Changement. Reprise fréquemment par le philosophe Olivier Clerc, cette histoire illustre les effets d'accoutumance, notamment vis-à-vis des situations de crise. La voici: si elle plonge par mégarde dans une casserole d'eau bouillante, la grenouille, immédiatement alertée par son instinct de survie des conditions mettant sa vie en danger, saute hors de celle-ci. Par contre, si elle plonge dans une casserole d'eau froide qui chauffe progressivement, la grenouille s'accommodera de la température... à mort.[4]

Quoi qu'il en soit, même si ces dernières années, la fermeture d'une entreprise en cache une autre, le temps ne doit pas pour autant être à la déprime. Je dégage trois constats nous encourageant fortement à investir dans une politique de Patrimoine Humain plutôt que de Ressources Humaines.

....

4 Nous l'avons dit, il s'agit d'une allégorie. Si l'on se doute que l'espérance de vie d'un batracien tombé dans l'eau bouillante s'évapore aussi vite qu'une goutte d'eau au soleil, sachez qu'une grenouille nageant dans de l'eau montée en température de 0,019°C par seconde aura quitté les lieux bien avant que l'eau ne soit trop chaude à son goût.

Premier constat: Performance & Bonheur font bon ménage

Parmi les organisations les plus performantes, il se trouve des entités régulièrement récompensées parce qu'il y fait bon vivre et que leurs employés s'y trouvent bien. Oui, dans ces organisations-là, le bien-être et le bonheur font l'objet d'une vraie stratégie d'entreprise.

En 2011, le classement CNN-USA des *'best companies to work for'* (les meilleures sociétés où travailler) plaçait SAS Institute Inc N°1 des *great place to work* et ce, depuis 2008. En 2009, ses résultats exceptionnels avaient motivé son fondateur à reverser une grande partie des bénéfices à son personnel. The Boston Consulting Group (BCG) suivait en 2ème position pour son programme de congés de bénévolat payés; Google en 4ème position. Zappos, vendeur de chaussures en ligne, en 6ème position, a érigé le bonheur comme fondement organisationnel. Ils livrent, non pas des chaussures... mais du bonheur. Leur stratégie d'entreprise est devenue un mouvement communautaire: le *Delivering Happiness movement* (@DHmovement). Et toutes ces sociétés connaissent une tendance de croissance financière qui rendrait jaloux n'importe quel conseil d'administration de notre pays.

Le millésime 2012 place Google sur la plus haute marche du podium. La raison? L'hyper confort de vie offert à ses employés, combiné à ses excellents résultats: 33% de croissance en recrutement, 30% de croissance de ses revenus et bénéfices, croissance de l'action, etc. Que demander de plus? BCG est toujours N°2 (et dans le top 5 sur 5 années consécutives) avec une croissance de 10% des effectifs. SAS désormais en 3ème position demeure toujours appréciée de ses employés pour la qualité de ses services, notamment dans sa généreuse (voire totale) intervention financière couvrant les frais d'éducation alternative (Montessori[5]) et de soins de santé pour la famille. Croissance des effectifs: 8%. Zappos passe en 11ème position, sanctionnée non pas par ses employés mais pour une faille dans ses bases de données exploitée par des pirates du web (hackers). Une bonne raison pour Tony Hsieh, son CEO de l'époque devenu depuis lors consultant après avoir revendu Zappos 1 milliard de dollars à Amazon, d'appeler ses troupes – gonflées de 70% en 2011 – à se mobiliser pour empêcher à tout jamais un *bis repetita*. Chaque crise engendre des opportunités.

....

5 Basée sur l'observation et le respect du développement psychologique naturel des enfants en phase avec les avancements technologiques de notre société, la méthode d'éducation Montessori met en œuvre des moyens révolutionnaires d'apprentissage, en portant l'accent sur l'indépendance et la liberté d'expression à l'intérieur de limites fixes.

Second constat: le monde financier développe son approche durable

L'effort consenti par le monde financier pour développer une approche pérenne constitue une autre contribution importante à l'émergence du patrimoine humain. Par exemple, Dow Jones Indexes est un fournisseur qui développe, maintient et vend l'utilisation d'indexes de benchmarkings servant à l'établissement de produits financiers. Dow Jones Indexes utilise des méthodologies transparentes, sans biais, systématiques et cohérentes au sein d'une même famille de business. Cette société renommée s'est associée à Sustainable Asset Management (SAM), une société du groupe Rabobank spécialisée dans les fonds d'investissements durables, afin d'établir le Dow Jones Sustainability Index (DJSI) ou Index Dow Jones de Durabilité.

Chaque année, les 2.500 plus grandes sociétés de 57 secteurs d'activité sont conviées à établir un reporting ou compte rendu sur leur performance durable. Le résultat de cette évaluation fournit une analyse en profondeur d'indicateurs économiques, environnementaux et sociaux tout en se focalisant sur les risques et les opportunités spécifiques par secteur concerné. Soulignons que cet index est reconnu comme l'un des plus performants, non seulement par le monde financier, mais aussi par des institutions indépendantes de gouvernance telle que «Rate The Raters», SustainAbility ou encore par les participants au Forum économique mondial de Davos de 2009.

L'approche suivie est volontairement celle du *best-in class*. Cela suppose que seules les compagnies ayant des résultats plus probants que la majorité de leurs pairs sont prises en considération. Aucun secteur n'est initialement exclu du processus de *screening*. Cela crée donc une émulation positive vers le mieux, c'est-à-dire au profit durable d'un ensemble d'acteurs: la Société, les Partenaires, les Investisseurs, les Clients et les Employés (SPICE).

Le DJSI reconnaît que le développement durable crée de la valeur à long-terme pour l'actionnaire puisqu'il saisit des opportunités dont les risques sur l'environnement, l'économie et le social sont gérés et maîtrisés. Les sociétés évaluées avec un score élevé mettent l'accent sur le développement de stratégies qui influencent le marché afin de délivrer des produits et services durables tout en réduisant simultanément les coûts et risques ayant un impact négatif durable. Voici quelques exemples d'éléments passés en revue pour établir cet index:

- Stratégie: y intégrer à long terme les aspects économiques, environnementaux et sociaux tout en veillant au maintien de la compétitivité (mondiale) et à la réputation de la marque.
- Finance: satisfaire les actionnaires pour une rentabilité financière solide et saine, une croissance économique à long-terme, une communication ouverte et une comptabilité transparente.
- Clients & produits/services: renforcer la loyauté en investissant dans la relation client et dans le développement de produits/services qui privilégient des systèmes et une technologie utilisant de manière efficace et économiquement durable les ressources financières, naturelles et humaines.
- Gouvernance et Stakeholders: adopter des standards élevés de gouvernance et d'engagement des actionnaires, dont le respect d'un code de conduite et un reporting public.
- Humain: gérer le patrimoine humain afin de maintenir les capacités et la satisfaction des employés à un niveau élevé grâce à la mise en œuvre de pratiques de pointe en formation, en gestion de la connaissance et grâce à un programme de rémunération équitable et motivant.

Ainsi, le concept de développement durable est désormais considéré –et donc recommandé– comme un capital dans lequel investir, puisque toutes les parties prenantes s'y retrouvent pour le bien commun et le profit de tous. Cela inclut bien sûr le développement du patrimoine humain.

Dimension	**Critère**	**Pondération (en %)**
Economie	Code de Conduite – Régulation – Corruption	06
	Gouvernance	06
	Gestion des risques et des crises	06
	Critères spécifiques au secteur	dépend du secteur
Environnement	Rapport sur l'impact environnemental	03
	Critères spécifiques au secteur	dépend du secteur
Social	Responsabilité sociétale – Philanthropie	03
	Pratiques sociales	05
	Développement du Capital Humain	05,5
	Rapport social	03
	Attraction & Rétention des talents	05,5

Critères d'évaluation de durabilité d'une organisation[6]

Les résultats sont probants, comme l'indique le cas de BMW. Pour la 7ème année consécutive, la marque obtient le meilleur index DJSI dans le secteur des constructeurs automobiles. Il y a d'ailleurs une constante parmi les leaders de secteurs. Sur ces quatre dernières années, le groupe Air France-KLM termine trois fois en tête de son classement. Pearson PLC est leader du secteur media depuis 2008, tout comme Swiss RE Limited dans le secteur des assurances. Pepsi-Cola vient de détrôner Unilever qui était également leader depuis 2008 dans le secteur alimentaire.

Troisième constat: la Responsabilité Sociétale des Entreprises (RSE) est élevée au rang de norme ISO: la norme ISO 26.000.

Publiée en novembre 2010, la norme ISO 26.000 encadre la responsabilité sociétale des entreprises, définie comme «*un processus d'amélioration dans le cadre duquel les organisations intègrent de manière volontaire, systématique et cohérente des considérations d'ordre social, environnemental et économique dans leur gestion, en concertation avec leurs parties prenantes.*» (Commission Interdépartementale de Développement Durable – Secteur Public belge)

En parallèle à cette norme, le *Global Reporting Initiative* (GRI: www.globalreporting.org), une organisation non gouvernementale fonctionnant en réseau, œuvre à la promotion de rapports en matière de responsabilité sociétale et de gouvernance. Le GRI produit le cadre le plus utilisé au monde pour le reporting lié à la responsabilité sociétale. Dès lors, les organisations peuvent partager avec davantage de transparence leurs bonnes pratiques et leurs performances en la matière.

En 2011 en Belgique, quatre administrations publiques ont donné le ton en devenant les premières au monde à entrer dans une démarche ISO26.000 sous l'égide du Service Public de Programmation de Développement Durable (PODDO). Il s'agit du PODDO lui-même et des Services Publiques Fédéraux (SPF) Finance, Economie, Sécurité Sociale. A ce jour, cette première mondiale passe encore inaperçue; mais les résultats attendus du dernier trimestre 2012 devraient contribuer à insuffler une dynamique chez d'autres organisations, publiques ou privées.

....

6 Source: http://www.djindexes.com/mdsidx/downloads/brochure_info/Dow_Jones_Sustainability_Indices_Brochure.pdf

Quels indicateurs pouvons-nous mesurer à notre échelle afin d'alimenter en éléments de décisions durables le Conseil d'Administration, les actionnaires et le management exécutif?

Il existe bien entendu les indicateurs liés au patrimoine humain:

- le taux de rotation,
- le taux de stress (études psycho-sociales),
- le taux d'engagement (équivalant à la motivation et au niveau d'implication dans un objectif commun) des employés dont l'étude vient en complément des enquêtes de satisfaction,
- le taux de candidatures spontanées,
- le nombre de candidats pour un job,
- le taux de loyauté,
- le taux de réengagement,
- le nombre de jours de formation par personne,
- le nombre de jours de formation en soft skills (relations interpersonnelles, confiance en soi, délégation, art de communiquer...),
- le nombre de communautés ouvertes, le taux de pénétration des media sociaux, etc.

Il peut également s'agir de la mise en œuvre et du *reporting* de bonnes pratiques:

- fixation d'objectifs en équipe,
- 180° ou 360° pour l'évaluation des collaborateurs et du leadership,
- l'accompagnement junior/senior des transferts et partage des connaissances,
- l'implication des collègues directs dans le recrutement,
- la rotation du leadership
- les actions basées sur le bénévolat
- les initiatives prises par les collaborateurs afin d'améliorer la vie au sein et en dehors de l'organisation,
- la politique de diversité, etc...

Enfin, il convient d'intégrer les indicateurs d'implication des stakeholders:

- fréquence des rencontres avec les différents acteurs de l'entreprise et leur implication dans la définition de la stratégie,
- la recherche et le développement des produits et services,
- le taux de suggestions retenues,
- les enquêtes clients,
- le nombre de réunions des comités impliquant les représentations syndicales,
- la longévité des points sur les agendas des conseils d'entreprise et des comités de direction, etc.

En conclusion, le Patrimoine Humain ne se pose pas en **r**évolution mais bien plutôt en **é**volution du métier de Ressources Humaines. L'expression matérialise un état d'esprit, une vision à long terme et un sens des responsabilités plus large que le cadre de l'entreprise. Telles les fondations d'une maison, elle exprime une philosophie de soutien de la stratégie de l'organisation. Ainsi, le Patrimoine Humain aborde sous un jour nouveau les métiers RH, aussi bien dans le secteur public que dans le secteur privé, que l'organisation soit commerciale ou non, cotée ou non, qu'elle délivre des produits ou plutôt des services.

Le patrimoine humain, évolution durable et positive de la gestion des ressources humaines et du capital humain, veille à soutenir les choix stratégiques de l'organisation en permettant aux hommes et aux femmes qui la composent d'être engagés, heureux et donc performants. S'il existe encore des sceptiques qui imaginent que 'Performance' et 'Bonheur' sont distincts, voire opposés, une étude scientifique publiée le 5 septembre 2011 dans le très sérieux New York Times prouve que le désengagement coûte 300 milliards de dollars aux sociétés américaines[7]. Elle prouve aussi, comme bien d'autres études, que des collaborateurs heureux travaillent plus dur.

Il nous faut maintenant atteindre l'étape suivante: des acteurs heureux de la vie active qui ne travaillent pas simplement plus dur mais surtout, plus intelligemment.

....

7 Source: http://nyti.ms/oI72Zd

CHAPITRE 2

Liberté + Responsabilité = Bonheur + Performance

«Le secret du bonheur est la liberté, le secret de la liberté est le courage.»

Carrie Jones

Dans ce chapitre, nous allons ensemble démontrer que L+R = B+P; soit Liberté + Responsabilité = Bonheur + Performance. En d'autres termes, si les collaborateurs sont responsabilisés dans leurs choix, leur accorder de la liberté d'une part augmentera leur performance au bénéfice de l'organisation et d'autre part contribuera à leur bonheur au travail.

1ère question: Existe-t-il un lien entre performance et bonheur?

Gallup, grande société anglo-saxonne d'enquête, se penche trimestriellement pour nous sur le sujet[8]. 30 années d'enquêtes portant sur un échantillon de 17 millions d'employés dans 175 pays lui confèrent une indéniable autorité[9], et surtout viennent valider les conclusions tirées. Quels principaux enseignements pouvons-nous donc dégager de cette enquête?

- 2/3 de la population américaine active interrogée se dit «*désengagée*». Au 3ème trimestre 2011, 52% des personnes désengagées déclaraient ne se rendre au travail que pour leur salaire, sans implication dans le dépassement des objectifs, sans prise d'initiative, sans suggestion d'amélioration. Par ailleurs, 19% se disaient activement désengagés au point de «ramer à contre-courant»: non contentes de s'opposer à tout changement, elles sapaient activement les efforts d'amélioration de leurs collègues engagés.
- Les 70% des employés désengagés coûtent 300 milliards de dollars aux seules entreprises américaines, rien qu'en perte de productivité. Pour calculer le coût de la perte de productivité dans l'entreprise, Gallup recommande la formule suivante:

	Nombre d'employés
x	70%
x	Salaire moyen
x	30% de perte de productivité moyenne
=	Total du coût du désengagement

....

8 http://www.gallup.com/consulting/52/employee-engagement.aspx.
9 http://www.gallup.com/consulting/121535/Employee-Engagement-Overview-Brochure.aspx

- Un employé désengagé voire activement désengagé au travail – donc malheureux – a trois fois plus de risques de subir une dépression et six fois plus de risques d'être mis en arrêt de travail pour maladie qu'un employé heureux. De quoi alimenter pleinement le déficit de la sécurité sociale.
- A l'opposé, un employé engagé possède deux fois plus de chance d'être heureux également dans les autres aspects de sa vie.

Gallup répertorie aussi les principaux facteurs de désengagement: leadership inefficace, environnement de travail anxiogène (bureaucratie, micro-management, administration en silos, déresponsabilisation), manque de vision inspirante, manque de contenu de fonction intéressant, manque de communication partagée et de valeurs communes.

La portée des conséquences d'un leadership inadapté est par ailleurs assez impressionnante:

- Un responsable hiérarchique qui gère par la peur, le mépris, l'incertitude ou l'agressivité, augmente de 22% le risque de démotivation.
- Un chef qui ignore complètement ses collaborateurs ou leur contribution (ni contact ni reconnaissance) et le montre ostensiblement (bureau fermé ou absence totale) augmente de 40% le risque de démotivation.

A l'inverse, un responsable qui témoigne de la considération, qui propose son aide, écoute, donne du feedback, encourage et responsabilise, fait chuter le risque de démotivation à 1%.

Dès lors, en positivant toutes ces informations, il devient logique d'affirmer que les éléments suivants influencent positivement le bonheur et la performance:

- une simplification des processus;
- un contenu de fonction intéressant;
- un leadership inspirant et impliqué;
- une culture ouverte et collaborative avec des valeurs fortes.

Ces quatre thèmes se logent en plein cœur du business des RH. Voilà qui tend à prouver que RH, Performance et Bonheur sont liés.

2ème question: La liberté et la responsabilité mènent-elles au bonheur et à la performance?

Nous l'avons vu, le dèsengagement a un coût qui se chiffre en milliards d'euros. Responsabiliser les collaborateurs en leur accordant plus de liberté se traduit sur le terrain par un gain d'autonomie, davantage d'initiatives et la faculté de s'organiser au mieux.

A cet égard, le télétravail constitue une pratique émergente conciliant liberté et responsabilité. Déjà en 2008, Cisco a évalué à $ 277 millions le gain de productivité engendré par l'introduction du télétravail. En 2010, la compagnie a mené une enquête sur ses télétravailleurs[10]:

- 69% se sentaient plus productifs que s'ils étaient au bureau avec des horaires fixes et restreints dans leur liberté de s'organiser;
- 80% estimaient jouir d'un meilleur équilibre vie professionnelle / vie privée;
- 85% se déclaraient plus heureux en travaillant depuis leur domicile ou à proximité, dans un bureau satellite (autre bureau de l'organisation, localisé ailleurs qu'au siège principal).

Dans la même veine, IBM a commandé en 2010 une enquête similaire portant sur ses 24.000 télétravailleurs. Au lieu des 38h/semaine en moyenne passées au bureau, ils ont estimé prester 57 h/semaine pour leur employeur. Le tout, de leur propre initiative, tout en étant mieux organisés, plus productifs et plus équilibrés dans leurs vies privée, sociale, professionnelle.[11]

Le groupe de recherche américain sur le télétravail Telework Research Network (TRN)[12] a réalisé, toujours en 2010, une analyse extrêmement poussée des pertes et bénéfices du télétravail sur la performance, le bien-être, l'environnement et l'économie. En optimisant l'ensemble des coûts, le modèle (théorique certes) des économies de coûts et des gains de productivité pour une PME de 50 employés est de près de 535.000 dollars. A l'échelle des USA, les économies réalisées par les employeurs ayant fait l'objet de l'étude placeraient la barre au-delà des 450 milliards de dollars par an.

....

10 http://newsroom.cisco.com/dlls/2009/prod_062609.html

11 Brigham Young University (2010, June 2). Telecommuters with flexitime stay balanced up to 19 hours longer. *Science Daily*.

12 http://www.workshifting.com/downloads/downloads/Workshifting%20Benefits-The%20Bottom%20Line.pdf

Télétravailleurs à mi-temps	entité de 50 employés	100 employés	500 employés	à l'échelle des USA
Gain de Productivité	$288.176	$576.351	$2.881.756	$235.4 M*
Economie d'électricité	$151.846	$303.692	$1.518.462	$124.0 M
Réduction de l'absentéisme, gains	$56.700	$113.400	$567.000	$46.3 M
Réduction des départs, gains	$38.046	$76.092	$380.459	$31.1 M
TOTAL économies	**$534.768**	**$1.069.535**	**$5.347.676**	**$436.8 M**

*M = milliard

Les analystes ont également chiffré les gains pour les employés, pour la communauté en général et pour l'environnement: moins d'émissions de CO_2, moins de dépenses pour la maintenance des routes, moins d'accidents et moins de carburant consommé. Additionnés aux gains des sociétés, le bénéfice du télétravail aux USA atteint le chiffre astronomique annuel de 645 milliards de dollars.

En additionnant les coûts du désengagement (300 milliards en 2010) avec les gains & économies liés au télétravail, même en admettant certains chevauchements, les seuls USA seraient en mesure de générer presque 1.000 milliards de dollars par an, soit 1/15ème de leur dette publique, ou… de quoi éradiquer en une année 50 fois la faim dans le monde! Ces montants semblent presque irréalistes tant ils sont vertigineux… Et pourtant, toutes les études menées s'accordent entre elles.

3ème question: des études et enquêtes aux USA, c'est bien. Quid de l'Europe?

Comme nous venons de le constater, les différentes enquêtes menées à grande échelle sur l'équation «Liberté + Responsabilité = Performance + Bonheur» semblent converger. Toutefois, elles ne concernent que les Etats-Unis. Qu'en est-il en Europe? Et chez nous? Est-ce possible? Et si oui, la formule se vérifie-t-elle?

A titre d'exemple, penchons-nous sur le cas du Service Public Fédéral (SPF – appellation belge moderne pour le «Ministère») de la Sécurité Sociale.

1.200 employés, fonctionnaires et contractuels constituent le SPF Sécurité Sociale. Ils remplissent quatre missions essentielles:

1. la définition de politiques et stratégies en matière de sécurité sociale;
2. le paiement d'allocations aux victimes de guerres et aux personnes handicapées;
3. la lutte contre la fraude sociale;
4. et enfin, le support interne aux activités «business».

Ces 4 activités requièrent des compétences spécifiques d'un business à l'autre. Et pourtant, la même stratégie a bien été appliquée à l'ensemble de l'organisation.

En 2005, le SPF a dû relever différents défis dont la modernisation de sa structure interne et l'attrait de nouveaux talents. A cette époque, à peine 17% des candidats postulant pour un job au niveau fédéral belge souhaitaient entrer au service du SPF Sécurité Sociale. La concurrence tant du secteur privé que des autres collègues du secteur public était donc féroce.

Une seule solution s'est imposée à l'équipe de management en place, inspirée par un leader charismatique, Frank Van Massenhove: se démarquer à tout prix par un changement de culture fort, basé sur la confiance a priori. Le postulat était simple mais osé: accorder sa confiance sans émettre de quelconque condition. Par contre, l'abus de confiance aurait des répercussions importantes pour celui qui ne respecterait pas ses engagements.

Si l'on juge les collaborateurs en adulte responsable de ses choix, il leur est donc possible de décider du où, du quand et du comment ils vont vivre et travailler, à la seule condition, bien entendu, de fixer des limites concrètes précises. La liberté des uns s'arrête là où commence celle des autres. Il n'est pas question que l'organisation personnelle d'un collaborateur empêche son équipe ou même un seul de ses collègues de fonctionner proprement.

Dès lors, l'entité 'équipe' joue un rôle prépondérant dans l'organisation. C'est en effet l'équipe qui décide des résultats à atteindre et non plus le 'chef', sur la base de la vision définie par le comité de direction. Les membres de l'équipe se répartissent ensuite les tâches, en fonction des compétences et des capacités de chacun.

Mais comment fixer des objectifs en équipe? Prenons l'exemple d'une équipe de dix gestionnaires de dossiers chargés de suivre 1.000 dossiers par semaine. La logique mathématique voudrait que chacun des membres se partage 100 dossiers. La logique, mais pas la logique équitable!

Car certains collaborateurs se révèlent plus expérimentés que d'autres. D'autres encore peuvent rencontrer des difficultés personnelles temporaires. Enfin, d'autres collaborateurs se réalisent pleinement dans cette mission. Les membres de l'équipe devront alors discuter entre eux de la meilleure façon de se répartir les tâches. Un premier niveau de contrôle social non hiérarchique va donc s'exercer sur soi: ai-je suivi correctement (ou non) mes dossiers? Ai-je ainsi aidé (ou non) l'équipe à remplir ses engagements?

Mécaniquement, le rôle du «chef» va s'ajuster dans son exercice. De 'petit chef' à 'chef en chef', le responsable hiérarchique (traditionnellement attaché au présentéisme au détriment du résultat, histoire de garder le contrôle) voit son rôle évoluer. Il devient facilitateur avec son propre lot de responsabilités afférentes:

- créer un environnement de travail propice à une motivation maximale de l'équipe;
- faciliter l'atteinte des objectifs de l'équipe en enlevant tous les obstacles de sa route;
- asseoir l'atteinte de ces objectifs sur trois piliers: la qualité, la quantité et l'attitude.

Inscrivons notre propos dans la pratique avec notre équipe de dix gestionnaires de dossier, en suivant le cas de Pierre-Paul. «*Tiens Pierre-Paul, comme pour chacun de tes collègues, voici tes 100 dossiers pour la semaine prochaine.*»

> Cas N°1: Pierre-Paul délivre ses 100 dossiers pile poil à l'heure. Malheureusement, le traitement médiocre des dossiers oblige ses collègues à repasser derrière. Quantité? Bien! Comportement? Bien! Qualité? Pas bien! Résultat? Frustration de l'équipe! Leur productivité en berne, soit les collègues pénalisés par le surplus de travail finissent par se décourager, soit les clients de l'organisation en font les frais; soit les deux.
>
> Cas N°2: Pierre-Paul travaille avec minutie et rend des dossiers impeccables. Malheureusement, à son rythme, Pierre-Paul ne peut rentrer que 70% des dossiers en temps et en heure. Qualité? Bien! Comportement? Bien! Quantité? Pas bien! Frustration de l'équipe! Le surcroît de travail se reporte à nouveau sur les mêmes. Combien de temps encore vont-ils le supporter? A terme, l'ambiance se délite. Quant au niveau de productivité global de l'organisation...

Cas N°3: Pierre-Paul délivre 100 dossiers impeccables et dans les temps. Mais à ce prix-là, ne lui demandez pas de partager l'info et encore moins son expérience. Et puis, la fin justifie les moyens: pour assurer le rendement, il faut profiter des failles du système. Quantité? Bien! Qualité? Bien! Comportement? Pas bien! Faire cavalier seul ou jouer avec les valeurs de l'organisation comporte un vrai risque pour la vie de l'équipe et à terme, pour celle de l'organisation.

Dans une organisation coopérative, il revient à l'équipe d'exercer un contrôle non hiérarchique. Les collègues donnent du feedback à celui qui déroge aux règles ou aux valeurs définies par l'équipe. Si le message ne passe pas, il revient alors au leader d'intervenir et d'imposer un retour à la norme; ou bien de prendre les mesures coercitives qui s'imposent.

Laisser aux collaborateurs le soin de fixer eux-mêmes les objectifs de l'équipe et les traduire en résultats quantitatifs, qualitatifs et comportementaux, offrira au responsable de l'équipe (ou n+1) les moyens d'intervenir plus efficacement en cas d'irrespect d'un de ces trois piliers. Par-dessus tout, chacun se sent responsabilisé par son engagement personnel et formel devant l'équipe: le meilleur gage pour parvenir aux résultats escomptés.

En outre, asseoir l'atteinte des objectifs sur les trois piliers: qualité, quantité et attitude, incite à réduire rapidement et durablement les dérives du système. Pourquoi? Parce que le 'comment' du travail à fournir n'est plus institué en pratique managériale de base. Ce 'comment' est analysé uniquement en cas de dérive.

Ainsi, le contrôle social remplace le contrôle hiérarchique en première ligne. Le responsable de l'équipe n'intervient que lorsque les membres de l'équipe arrivent à cours de ressources pour résoudre d'éventuels dysfonctionnements. Le leader – c'est dans le mot – devient le guide qui montre et ouvre la voie; bref, LA personne ressource de l'équipe, celle qui indique la direction et qui sauve au besoin. Ce faisant, le responsable d'équipe pourra mieux se concentrer sur son rôle de leader inspirant, rôle que nous aborderons plus spécifiquement au chapitre 5.

Naturellement, cette approche ne fonctionne que sous trois conditions auxquelles toute organisation devra se soumettre:

1. un environnement de travail adéquat (chapitre 3);
2. un ensemble de valeurs fortes et partagées (chapitre 4);
3. un modèle de management autre que hiérarchique ou bureaucratique (chapitre 5).

Revenons au SPF Sécurité Sociale. Jusqu'en fin de bail prévu en décembre 2008, ses bureaux, dont l'ensemble des services centraux, s'étendaient sur 4 bâtiments, dans 4 lieux distincts de Bruxelles. Ceux-ci se distribuaient le long de grands couloirs vides et mornes entrecoupés de quelques rares agoras peu accueillantes et bruyantes. Derrière les portes de ces couloirs se cachaient d'impersonnels bureaux partagés. Reconnaissons-le, le cadre ne favorisait ni la collaboration ni la fluidité des échanges d'informations.

En 2008[13], un an avant le grand déménagement, la direction du SPF Sécurité Sociale s'est donc lancée dans un pilote de *dynamic office*: instaurer un environnement de travail favorisant le *flexiplace* (plusieurs lieux de travail) et le *flexitime* (horaire variable). En effet, si la philosophie consiste à favoriser pour tous (ou presque) le choix personnel du lieu, du moment et de la manière de travailler, l'infrastructure doit aussi pouvoir le faciliter en libérant les collaborateurs notamment du bureau fixe, des dossiers papiers et de la pointeuse.

C'est ainsi qu'avec une équipe de 187 volontaires, soit 15% du staff, le SPF Sécurité Sociale s'est lancé avec succès dans l'un de ses plus vastes projets de renouvellement structurel radical: changement organisationnel (digitalisation, BPR, etc.) et culturel en proposant un environnement dynamique: 7 bureaux pour 10 collaborateurs, de nombreux espaces de réunion, de rencontres et de collaboration à la fois réels et virtuels. En 2012, trois ans après la mise en œuvre complète à tous les stades et niveaux de l'organisation, les résultats parlent d'eux-mêmes.

1. **Au niveau de la Performance:**
   Le coût global du projet s'élève à 10 millions d'euros. Il couvre l'ensemble du déménagement, de l'acquisition des nouvelles technologies et des serveurs informatiques adéquats, des ordinateurs portables et des téléphones mobiles pour tous, d'un mobilier moderne

....

13 http://www.socialsecurity.fgov.be/fr/over-de-fod/organisatie/nieuwe-werken/novo.htm

signé par de grands designers, ainsi que la rémunération de tous les acteurs du projet, en ce inclus quinze ETP de consultants externes.

La période de retour sur investissement n'a duré que 18 mois. Les économies réalisées par le SPF sont impressionnantes:

- 6 millions/an de frais locatifs pour la période 2009-2011 et 9 millions à partir de 2012 (passage de 6 bureaux pour 10 personnes);
- 40% de frais de maintenance et de nettoyage des bureaux en moins, pour un nettoyage d'ensemble quotidien;
- 78% de frais d'impression en moins (passage de 435 imprimantes à 45);
- 80% de frais de téléphonie en moins (appels gratuits entre collègues, utilisation de solutions de messagerie instantanée et de media sociaux);
- 35% de frais d'économat en moins (avec un accès libre à l'ensemble du stock).

2. **Au niveau du Bonheur:**

- L'enquête de décembre 2011 démontre que 88% des collaborateurs du SPF s'estiment «heureux» et «très heureux» de travailler au sein de leur organisation;
- Le taux de départ naturel est de 50% inférieur à la moyenne fédérale;
- le taux d'absentéisme en constante diminution est de 20% inférieur à la moyenne des autres organisations fédérales;
- Le taux de candidatures spontanées est de 90%, contre 17% en 2005;
- 92% des collaborateurs peuvent télétravailler; 69% y recourent jusqu'à trois jours par semaine;
- Le SPF emploie 62% de femmes. Un leader sur deux est une femme. Le comité de direction se compose de 5 femmes et de 6 hommes. Le SPF emploie 38% de femmes dans les fonctions élevées (cadre moyen supérieur & expert).

CQFD (Ce Qu'il Fallait Démontrer)

Le SPF Sécurité Sociale a éprouvé la véracité de l'équation «Liberté + Responsabilité = Performance + Bonheur». Et il s'agit d'une institution publique! Cela ne tendrait-il pas à prouver également que ça peut marcher partout? Gallup aussi le rappelle dans son enquête trimestrielle: dans les sociétés cotées au fort niveau d'engagement des collaborateurs, la croissance du gain par action a été 3,9 fois plus élevée que chez celles subissant un fort taux de désengagement.

Avez-vous noté que l'équation se vérifie aux deux pôles extrêmes de l'axe de l'activité économique? Soit d'une part dans le secteur public et d'autre part, chez les sociétés cotées en bourse. Le bon sens s'accorde alors à dire que notre postulat peut se vérifier pour l'ensemble des organisations, commerciales ou non, régionales comme nationales.

Et si l'organisation évolue, il est clair, net et sans appel que les responsables RH y jouent un rôle critique et prédominant qui va bien au-delà du conseil juridique dans la modification de contrats et autre règlement de travail dans le cadre de la législation. Pour les RH, un tel projet représente une opportunité en or de devenir des gestionnaires de patrimoine humain, des partenaires incontestés du business et un *sparring partner* du CEO.

CHAPITRE 3

NWOW!

« Face au monde qui change,
il vaut mieux penser le changement
que changer le pansement. »

Francis Blanche

Depuis quelques mois pour le grand public et depuis une quinzaine d'années pour les professionnels du secteur et quelques pionniers, les nouveaux environnements de travail constituent une réalité qui simplifie la vie de tous. nWOW, l'acronyme inventé par Microsoft pour le *New Way Of Working*, ou encore le *New World Of Work*, fleurit dans les tweets et autres blogs. La Belgique a lancé en 2010 sa première journée nationale du télétravail. Les secrétariats sociaux, les groupes de presse et même les universités y vont de leur enquête sur ces nouveaux modes de travail.

L'environnement de travail, bien plus qu'un bureau

L'environnement de travail peut comprendre l'espace immobilier, mobilier et les services qui y sont liés, mais il ne se restreint pas à ce cadre. Les nouvelles façons de travailler englobent également et surtout les notions de culture et de leadership. Ces deux éléments critiques, parties intégrantes du core business d'un développeur de patrimoine humain, seront abordés aux chapitres 4 et 5.

Concentrons-nous pour l'heure sur le 'où' et le 'quand' de notre cadre ou environnement de travail. L'environnement de travail se rapporte autant à nos bureaux qu'au bus qui nous y transporte; autant à la douche sous laquelle nous vient une idée brillante qu'à la plage où nous lisons un article traitant enfin tel problème récurrent; autant aux bureaux de notre client qu'à l'avion à bord duquel nous traitons nos derniers emails en route vers la maison-mère. Si vous êtes un(e) knowledge worker ou travailleur du savoir, votre environnement de travail représente tous ces endroits à la fois.

Le knowledge worker s'implique principalement dans le traitement de données. Aussi son job peut-il plus ou moins facilement se dégager de certaines obligations courantes. Il peut très certainement travailler de 9h00 à 17h00, mais il peut tout autant œuvrer en dehors de ces créneaux: au petit matin, en soirée, le weekend et souvent en vacances, histoire d'éviter la fonte des neurones en été ou la congélation cérébrale en hiver. Pour être efficient, ce type d'environnement de travail libéré des contraintes de lieu et de temps doit être soutenu par:

- la technologie: les serveurs, les réseaux ICT, les interfaces, les outils informatiques et téléphoniques…
- les modes d'utilisation de la technologie: accessibilité, media sociaux, digitalisation des documents, archivage…
- le mode d'organisation des bureaux: salle de réunions, espaces de concentration, espaces de rencontres, environnement de travail dynamique (multiplicité des espaces, attribution unique à personne unique d'un bureau fixe *versus* partage des bureaux);
- le mode d'utilisation des espaces, le way of life ou autrement dit, le modus vivendi relatif à l'utilisation des espaces de travail: clean desk policy, partage et sécurité de l'information, organisation des réunions…
- le mode de vie au sein des espaces: construction de l'esprit d'équipe, délégation-confiance *versus* centralisation-contrôle, type de leadership, type de culture…
- le profil des collaborateurs: autonomes, responsables, flexibles, orientés résultat, avec un bon esprit d'équipe, etc.

Ce n'est donc pas d'un coup de cuillère à pot que l'on passe d'un environnement classique où chacun possède son bureau, sa chaise, son imprimante, sa poubelle, son agrafeuse et son téléphone fixe, à un espace partagé avec des modules agencés différemment selon la tâche à exercer et proposant des services logistiques mutualisés: imprimante, scan, fax, un téléphone en VOIP[14], la digitalisation des documents, l'archivage centralisé, etc.

Home ou Office: quel lieu de vie? Retour vers le futur…

De tout temps, l'homme a essayé de rendre son environnement de travail plus productif, plus fonctionnel et accessoirement, plus agréable.

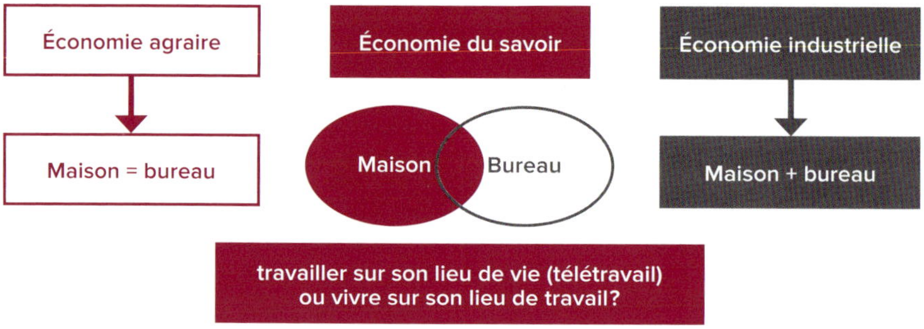

14 VOIP se réfère à la téléphonie par internet au lieu d'une ligne de téléphone classique (voir Glossaire).

Dans l'histoire de l'humanité, le passage du nomadisme à la sédentarisation a marqué la première évolution marquante dans le domaine de l'ergonomie de l'environnement de travail. Les lieux de travail et d'habitat se sont fixés et confondus. Les méthodes d'élevage et de culture se sont rationalisées pour devenir plus performantes. L'instauration d'une société civilisée était en marche.

Les révolutions industrielle et post-industrielle ont vu émerger une nouvelle forme d'environnement de travail: la dissociation très distincte des lieux de travail et de vie. Le lieu de vie s'est standardisé, allant du rudimentaire pour la plupart des travailleurs, au sophistiqué pour les classes dirigeantes, depuis toujours habituées aux privilèges qu'elles s'octroient. Le lieu de travail est entièrement dédié à l'essor de la productivité et à l'optimisation de la performance des hommes et des machines, au détriment du confort minimum, voire des bases élémentaires de sécurité que chacun est en droit d'exiger au travail. L'«homme» est réduit à un «facteur» de production, une ressource disponible, abondante, peu onéreuse et interchangeable, jouissant du peu de droits que l'employeur veut bien condescendre à lui attribuer.

C'est d'ailleurs ce modèle totalitaire et paternaliste et, dans le cas présent, particulièrement déshumanisé, que reconduisent aujourd'hui notamment les grands groupes industriels chinois. Foxconn[15] est d'ailleurs réputée pour les conditions inhumaines de travail plaqué sur le modèle des camps de concentration qu'elle impose à son million (!) d'employés. Du coup, elle a acquis la sordide réputation d'usine à suicide. Les émeutes de fin septembre 2012 l'illustrent tristement.

Au début du XXème siècle, l'évolution des acquis sociaux couplée au plein emploi va progressivement enhardir le travailleur à exiger de meilleures conditions de travail. Cette ressource humaine gagne en valeur ajoutée, l'éducation s'améliore, les droits sociaux s'étendent... Autant d'éléments qui forcent les employeurs à repenser l'environnement de travail et le rendre plus adapté aux besoins des collaborateurs de l'organisation.

La «révolution Internet» vient donner un dernier coup de grâce aux modes traditionnels d'organisation du travail. Dorénavant, il sera possible d'accéder à distance à des documents. L'organisation de réunions en visioconférence entre personnes distantes de milliers de kilomètres

....

15 http://fr.wikipedia.org/wiki/Foxconn

se banalise de plus en plus. Cette tendance n'a fait que croître ces dernières années, sous le couvert de la fameuse guerre des talents qui a éclaté au sein de «l'Economie du Savoir» pour la 3ème fois en 2011 et qui se poursuit.

L'économie du Savoir regroupe l'ensemble de la valeur créée en traitant de l'information. Cette valeur, c'est le cerveau des collaborateurs de l'entreprise et non plus la technologie ou la spécificité de ses services. Conséquence logique de la guerre des talents: chaque organisation veut attirer et retenir les plus prometteurs et les plus performants pour assurer autant que possible la pérennité de son activité et de son avenir.

A cet égard, les grosses entreprises rivalisent de créativité sur le lieu de travail: salle de sport, salle de détente, salon de massages, douches, livraison des courses, mise en place de solutions de wellness, environnement de travail flexible, home working, crèche, blanchisserie... La révolution créée par ou pour les knowledge workers s'est muée en réalité irréversible que rien ne semble pouvoir arrêter et qui, tel un virus internet, se propage dans tout le monde du travail. Il faut toutefois constater que cette débauche de «facilitateurs de vie» demeure l'apanage des grosses firmes. Les PME et encore moins les TPE ne peuvent rivaliser avec un tel luxe tapageur.

Depuis le début des années 2000, la frontière entre domaines privé et public, domicile et travail, foyer et bureau, s'évapore comme la banquise du pôle nord (voir tableau 'Contexte: évolution macro-économique'):

- D'une part: les facilités découlant de la technologie moderne permettent aux travailleurs d'utiliser leurs lieux de vie pour y exercer une activité professionnelle partielle ou à temps plein. Par exemple, il est très rentable de démarrer sa journée de chez soi en traitant ses (premières dizaines d') emails et d'ainsi éviter les incontournables embouteillages des heures de pointe. De même, il est appréciable d'aller rechercher ses enfants à l'école ou à la crèche puis de boucler un rapport après les avoir mis au lit.
- D'autre part: des tâches à caractère purement privé sont de plus en plus fréquemment exécutées sur le lieu de travail: utilisation d'internet pour sa propre messagerie, pour gérer son compte bancaire, réserver ses vacances, accéder aux media sociaux, etc. Du coup, la question suivante fait sens: l'employé fait-il du *Home Working* (travailler sur son lieu de vie) ou de l'*Office Living* (vivre sur son lieu de travail)?

Ces constatations nous déplacent dès lors sur le terrain de la motivation. L'environnement de travail flexible permet aux collaborateurs de mieux s'organiser, d'équilibrer plus facilement leurs vies privée, sociale, professionnelle, le tout au gré de leurs besoins. Puisque les célèbres modèles sur la motivation de Maslow et Herzberg n'ont plus de secret pour la plupart des managers, tentons ici par une petite digression de démontrer l'application de ces théories sur l'environnement de travail.

Maslow & Herzberg les sherpas de la motivation au travail

Pourquoi se donner tant de mal à mettre sur pied un environnement de travail luxueux, ludique ou simplement flexible? La question semble tout à fait légitime si l'unique préoccupation d'une société consiste à augmenter la productivité afin de satisfaire au diktat implacable des objectifs trimestriels des actionnaires. Au risque de me répéter, L+R = B+P (chapitre 2): Liberté et Responsabilité sont sources de Bonheur et Performance. Oui, les bons résultats de l'entreprise procèdent aussi du bien-être de ses employés.

Donc, à côté des outils RH classiques (salaire, avantages en nature, formation, plans de carrière), nous disposons d'une puissance de feu extraordinaire aux effets immédiats: l'environnement de travail. Disposer une table de ping-pong ou un distributeur gratuit de café ne suffira pas à donner le change ou résoudre de graves problèmes organisationnels. Il faut trouver les bons leviers; et pour cela, aborder la création de l'environnement de travail par le bon bout. Revenons-en donc à la motivation, puisque pour beaucoup motivation = performance.

Au niveau théorique, qui dit 'motivant' dit Maslow et qui dit 'démotivant' dit Herzberg. Voyons cela. La pyramide de Maslow, grand classique des formations managériales, définit les besoins de l'homme sur une échelle à 5 niveaux croissants: les besoins physiologiques, les besoins de sécurité, les besoins sociaux, les besoins de reconnaissance et enfin d'épanouissement. Appliquée à l'environnement de travail, voici ce que donne l'ascension de cette pyramide.

La pyramide de Maslow

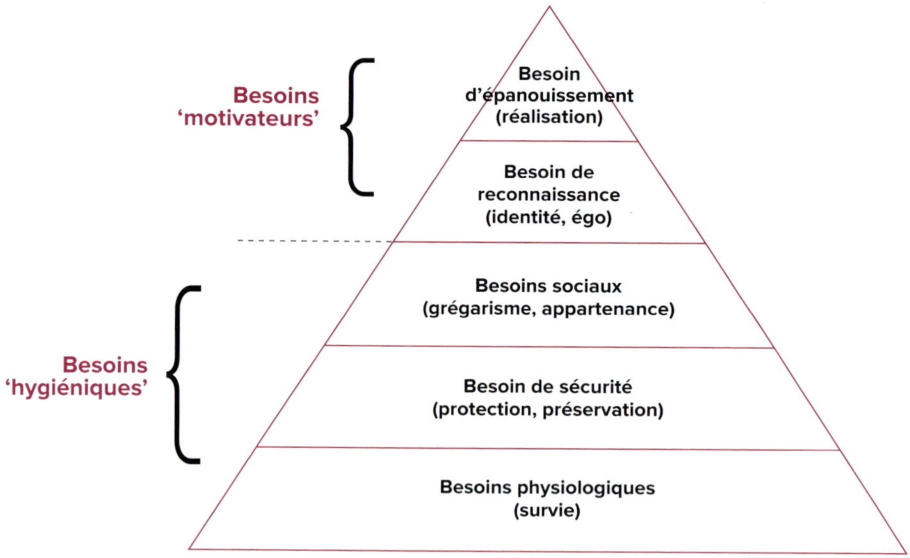

1. Les besoins physiologiques

Tout comme l'eau, l'air et la nourriture constituent les éléments essentiels à la survie de l'homme, la lumière du jour, l'alimentation en électricité, l'accès à la téléphonie et à la technologie informatique, des toilettes impeccables, un air sain et tempéré, etc., constituent tout autant les éléments essentiels aux conditions élémentaires de travail du collaborateur.

Qui ne s'est jamais retrouvé en quasi-chômage technique le temps d'une coupure d'électricité ou d'une panne de réseau informatique? La loi ne prévoit-elle pas une interruption du travail en deçà et au-delà de certains seuils de température ambiante? Une étude a démontré qu'une des causes de dépression sur le lieu de travail impliquait le manque voire l'absence totale de lumière du jour. Satisfaire tous ces besoins basiques du socle de la pyramide de Maslow permet de se hisser au second niveau.

2. Les besoins de sécurité

Tout être humain évolue dans une bulle aussi invisible que réelle matérialisant sa distance intime à ne franchir que sur autorisation; et chacun possède son propre jardin secret intérieur. Dans le cadre du travail, ce besoin de sécurité touche l'individu comme son univers.

- La sécurité de l'univers professionnel englobe celle des données et des réseaux, donc le respect de la confidentialité, l'attribution d'armoires à chaque employé, d'espaces privatifs de stockage informatique de données personnelles, le tout avec code secret pour l'accès à ces répertoires ou aux espaces de rangement.
- La sécurité de l'individu, quant à elle, se rapporte au respect de son intimité et de son intégrité physique: qualité de l'acoustique, de l'ergonomie du poste de travail, des moniteurs d'ordinateurs, possibilité d'ajuster la température et l'éclairage ambiants, etc.

Offrir à ses employés un environnement de travail répondant aux normes minimales et legales de sécurité est plus que de la politesse; c'est leur attribuer la dignité et leur manifester le respect qu'ils méritent. De plus, cela épargne à l'organisation d'interminables réunions pesantes voire tumultueuses avec les délégués syndicaux. Une fois cette étape atteinte, l'organisation peut dûment se concentrer sur le niveau supérieur de la pyramide de Maslow.

3. Les besoins sociaux

D'instinct grégaire, l'humain ressent le besoin d'appartenir à des groupes socialisés au sein desquels il peut se reconnaître et échanger avec ses pairs aux centres d'intérêt communs. Transposé à l'univers du travail, les agoras, espaces de détente, cafétéria, coffee corner, mais aussi salles de réunion et tableaux d'affichage, constituent des lieux de rencontre informels sains qui favorisent la sociabilité. Rendre ces endroits agréables et conviviaux répond aux besoins sociaux des travailleurs. En retour, la communication se parfait, l'esprit d'équipe s'aiguise et au final, la productivité s'accroît.

Pour Herzberg, les trois premiers niveaux de besoins (physiologique, sécurité, social) constituent des facteurs démotivants (en fait, neutres) en ce qu'ils représentent le minimum des exigences à atteindre. Pour lui, ils ne fournissent pas à eux seuls les moyens de motiver les troupes. Bien sûr, si ces conditions-là ne sont même pas réunies (pas d'électricité, de cafeteria, de lumière du jour, de ventilation, accès difficile ou réduit au bâtiment, etc.), ce n'est même pas la peine d'envisager un quelconque travail productif. L'attention se porterait alors, non plus sur les tâches mais sur les mauvaises conditions qui empêcheraient de les accomplir.

Toutefois, une fois atteints les 3 premiers niveaux de la pyramide des besoins de Maslow, l'employeur peut alors se concentrer sur la satisfaction des deux derniers niveaux: les besoins de reconnaissance et d'épanouissement. Herzberg a défini ces deux niveaux comme 'motivateurs': contrairement aux trois niveaux inférieurs, l'absence des deux niveaux supérieurs n'influence pas négativement la motivation. Par contre, leur présence dans l'organisation permet d'impacter positivement et durablement la motivation.

4. Les besoins de reconnaissance

Le quatrième étage de la pyramide correspond au seuil à partir duquel l'environnement de travail peut devenir un facteur de motivation du collaborateur. Une entreprise décidera de matérialiser sa reconnaissance en offrant à ses collaborateurs des outils technologiques (et *non pas* des 'gadgets') tels que Blackberry, iPhone, tablette numérique...; ou des facilités: connexion ADSL chez soi, accès à distance au réseau, etc. Elle peut aussi les valoriser via le type de mobilier ou le volume d'espace mis à leur disposition (qualité des matériaux, ergonomie, design, bureau d'angle, nombre de m^2, nombre de fenêtres...). Une organisation orientée résultat accordera ces privilèges en fonction de la mission réalisée, indépendamment de la hiérarchie.

Si l'on souhaite se concentrer sur la reconnaissance globale des efforts fournis par les employés pour leur société, les attributions seront alors collectives: télétravail, outils ICT, garderie, blanchisserie, salle de sport, salle de relaxation, mise à disposition de jeux récréatifs collectifs (billard, mini foot, kicker/babyfoot...) ou individuels (wii, coin bibliothèque, abonnement à des magazines de loisirs...).

Tous ces exemples non exhaustifs peuvent être mis en œuvre pour motiver les travailleurs... à condition bien entendu de leur demander leur avis et d'investir dans ce qui les motive réellement. Jean de La Bruyère ne dit-il pas qu'il n'y a «*pas de plaisir plus délicat que de faire celui d'autrui*»? Le bonheur des uns ne fait pas automatiquement le bonheur des autres.

5. Les besoins d'épanouissement

Nous voilà désormais hissés au sommet de l'Anapurna *maslowien* des besoins: l'épanouissement de soi. Souvenons-nous que, dans le cadre de l'environnement de travail, le principal facteur qui impacte la motivation et la productivité d'un employé réside dans la liberté d'organisation que lui accorde son supérieur. Les solutions flexibles tant dans le temps (*flexitime*) que dans l'espace (*flexiplace*) constituent la clé de la gestion réussie d'un environnement de travail, pour autant que la fonction du travailleur s'y prête, bien évidemment.

En effet, si l'on veut éviter toute anarchie, le sacro-saint principe de «*ma liberté s'arrête là où commence la tienne*» doit être impérativement respecté, en tout temps, en tout lieu. Le mieux étant l'ennemi du bien, il est toutefois conseillé d'éviter de se lancer une fois de plus dans l'établissement 'spécial usine à gaz' d'un inventaire des fonctions susceptibles ou non de télétravailler. Si l'aventure du télétravail tente votre organisation, je recommande cet exercice extrêmement simple à conduire avec les membres de votre comité de direction.

1. Partez du principe que tout le monde peut télétravailler. Si cette affirmation stresse les membres de votre Comité de Direction, rassurez-les en précisant qu'il ne s'agit que d'une simple hypothèse de démarrage d'exercice; l'aboutissement final est ailleurs.
2. Listez les fonctions qui, par nature, exigent une présence sur le lieu même du travail dans un cadre d'horaires précis: réceptionniste, personnel de maintenance, certaines fonctions spécifiques au *core business* (personnel hospitalier, de la grande distribution, de chaînes de production en flux tendu, etc.). Ces collaborateurs ne pourront malheureusement jamais accéder au télétravail comme, par exemple, leurs collègues responsables de tâches administratives. Toutefois, ils n'en sont pas pour autant écartés à jamais. Ainsi, leur attribution comprend pratiquement toujours une dimension admi-

nistrative. Peut-être peut-on envisager de regrouper toutes ces tâches sur un jour. Quand bien même ne s'agirait-il que d'une demi-journée, cette flexibilité bienvenue pourrait renouveler le zèle de ces collaborateurs physiquement très sollicités.

3. Listez les fonctions exigeant des horaires précis mais pas de présence obligatoire sur le lieu de travail. Par exemple, les télé-marqueteurs d'un centre d'appels (call center) peuvent parfaitement œuvrer de chez eux tout en maintenant un suivi de leur activité à distance.
4. Par exclusion des catégories 2 et 3, tout le reste du staff de l'organisation peut télétravailler sans restriction. La catégorie 3 se verra précisée un aménagement de ses modalités de télétravail pour délivrer ses prestations à l'intérieur des horaires prévus.
5. Et enfin, il faut particulièrement soigner l'environnement de travail de la catégorie 2, qui ne peut télétravailler.

Le développeur de Patrimoine Humain: architecte de l'environnement de travail

Cela signifie-t-il qu'après avoir été psychologue, financier, marketeer, le responsable des ressources humaines doive se lancer dans des études d'architecture ou de gestion des services généraux? Non bien sûr. Mais pour devenir l'architecte du bonheur de chacun dans son environnement de travail, il s'avère indispensable d'ajouter une corde supplémentaire à l'arc déjà bien tendu du DRH.

Ainsi, en 2003, forte de l'aide précieuse d'architectes, d'ingénieurs architectes et architectes d'intérieur d'un bureau belge de consultance en immobilier tertiaire, j'ai défini un modèle assez simple d'aide à la DRH afin de sélectionner le meilleur environnement de travail pour une organisation et ses employés. C'est le B.O.P. model, acronyme de *Business, Organisation & People*.

♪ **Be B.O.P.** ♪

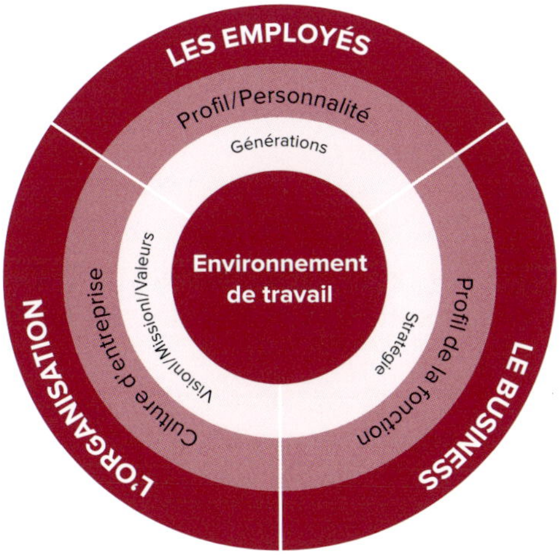

A mes yeux, voici les 3 piliers sur lesquels s'appuyer lors de l'analyse de son environnement de travail: les besoins du *business*, les besoins de l'*organisation* et les besoins des *employés*.

1. Les besoins du business

Les besoins du business sont de deux ordres: ceux dictés par la stratégie de l'entreprise et ceux dictés par les profils fonctionnels nécessaires pour réaliser le *core business* de l'entreprise. Pour définir un environnement de travail, il faut se poser au moins (car la liste ci-dessous n'est pas du tout exhaustive) toutes les questions suivantes liées à la stratégie de l'entreprise:

- Quel est le stade de maturité de l'entreprise: *start-up*, en croissance, mature, en déclin?
- Quel est le *business plan* stratégique?
- Quelles sont les prévisions d'évolution à court, moyen et long terme?
- Quels sont les développements prévus?
- Quels sont les investissements prévus?
- Comment va/doit évoluer le *staff* de l'entreprise?
- L'entreprise envisage-t-elle de déménager?
- Où sont situés les clients principaux?
- Doivent-ils accéder aisément au siège de la société?
- Où sont localisés les fournisseurs?
- Où sont localisés les employés?
- Où sont localisés les futurs talents de l'entreprise?

- L'activité principale de l'entreprise a-t-elle des exigences particulières en termes de sécurité, d'accessibilité, de confidentialité?
- Quels sont les besoins de stockage, de logistique, d'archivage?
- Quelle est la stratégie immobilière de l'entreprise: propriétaire, locataire, sales and lease back?
- ...

En ce qui concerne les profils fonctionnels, il faut se pencher sur le contenu, les interactions et les besoins de chaque fonction recensée au sein de l'entreprise:

- Quelles fonctions interagissent entre elles?
- Quels sont les modes de communication privilégiés: oral, écrit, formel, informel?
- Quel est le niveau d'autonomie de la fonction?
- Quel est le niveau de confidentialité requis?
- Quels sont les besoins en salles de réunion, d'informatique, de téléphonie, d'espace d'archivage, de mobilier spécifique?
- Quelle est la mobilité de la fonction, interne et externe à l'entreprise?

La réponse à toutes ces questions permettra de définir un lieu (localisation géographique), un mode d'organisation de l'espace (espace de concentration, de réunion, de détente, de rencontre...) et par conséquent une surface au sol adéquate pour mener à bien les activités de l'organisation.

2. Les besoins de l'organisation

Au niveau de l'organisation, il faut revisiter les *corporate statements*, à savoir d'une part les vision, mission et valeurs; et d'autre part la culture de l'entreprise. Dans un premier temps, il me semble intéressant de se pencher sur ce qui crée l'identité unique de l'organisation et ce qui la distingue de toute autre:

- Pourquoi cette organisation existe-t-elle?
- En quoi est-elle unique?
- Quelles sont les valeurs qui la caractérisent?
- Quelles sont les valeurs qu'elle souhaite mettre en exergue?
- Quelle est sa vision pour les 5 ou 10 prochaines années?
- Que veut-elle incarner (donc: qui veut-elle être)?

La culture *corporate* d'une organisation peut également se transposer dans l'espace: le choix des salles de travail et leur *design*. A cet égard, je recommande d'utiliser le questionnaire développé par Quinn et Cameron[16] pour définir les archétypes culturels d'une organisation. Quinn et Cameron basent leur modèle[17] sur les travaux de William Ouchi[18]. Ils définissent la culture d'entreprise sur deux axes: un axe d'orientation interne (focalisé sur l'organisation elle-même) ou externe (orienté vers son marché, ses publics) et un axe du mode de pouvoir, soit orienté vers le contrôle, soit orienté vers la flexibilité. Chaque quadrant de cette matrice correspond à un archétype culturel.

La culture d'entreprise de Quinn & Cameron

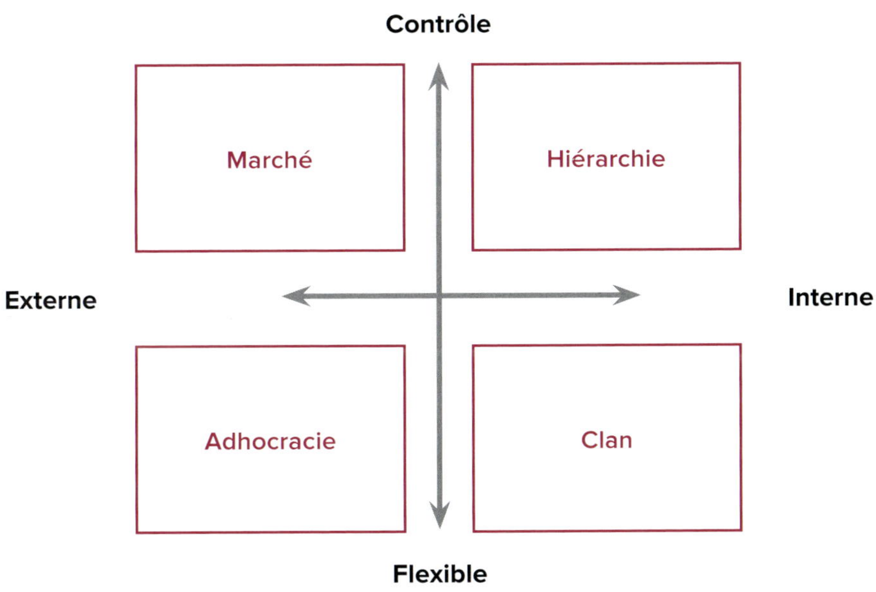

Culture de clan

En s'orientant vers l'interne avec une flexibilité du pouvoir de décision, l'organisation présente une typologie de clan. Elle met l'accent sur le côté familial, l'esprit d'équipe, l'entraide, le consensus. Le confort de chacun se place au cœur des préoccupations. L'environnement de travail sera chaleureux, avec de nombreuses salles de réunion et

....

16 http://en.wikipedia.org/wiki/Organizational_diagnostics
17 Diagnosing and Changing Organizational Culture: Based on the Competing Values Framework
18 http://en.wikipedia.org/wiki/William_Ouchi

d'espaces de communication. L'orientation client et le respect des personnes revêtent une grande importance.

Culture «adhocratique»

En s'orientant vers l'externe avec une flexibilité du pouvoir de décision, l'organisation présente une typologie adhocratique. C'est le royaume du pragmatisme, de l'esprit d'initiative, de l'innovation, du *«just do it!»* si toutefois cela fait sens pour la croissance de l'organisation et le bien des hommes et des femmes qui la composent. L'espace de travail s'avère performant, innovant, généralement avancé en matière de technologie et de services offerts aux employés. Les espaces de travail sont partagés, ce qui accroît la communication et l'échange d'idées. Il n'y a pas de bureau attribué puisque l'espace de travail se choisit en fonction de l'objectif à atteindre. Cette approche redoutablement efficace et rentable s'imposera au détriment des signes extérieurs de pouvoir hiérarchique.

Culture de marché

En s'orientant vers l'externe avec le contrôle du pouvoir de décision, l'organisation présente une typologie de marché. Cette culture se caractérise par une forte compétition interne et externe, une lutte acharnée pour atteindre des résultats toujours plus ambitieux, une part de marché accrue, une croissance plus vive. L'espace de travail est dédié à la productivité. Tout: mobilier, bureau, espaces sociaux n'est envisagé que sous l'angle fonctionnel, très opérationnel certes, mais sans débordement luxueux ou détails superfétatoires. Rentabilité, performance, ROI, sont les maîtres-mots dans l'établissement du lieu de travail.

Culture hiérarchique / bureaucratique

En s'orientant vers l'interne avec le contrôle du pouvoir de décision, l'organisation présente une typologie hiérarchique. Elle valorise le respect des procédures et politiques en place, des règles établies, des objectifs fixés et des performances stables. L'environnement de travail demeure fonctionnel et formel. Les bureaux et le mobilier reflètent aisément le statut hiérarchique de leur occupant. Sur ces lieux de travail, les pointeuses s'épanouissent et les espaces sociaux restent traditionnels et sobres.

3. Les besoins des employés

Enfin, pour aborder les besoins des employés, basons-nous sur deux éléments qui offrent chacun un angle de perception des besoins différent: les *générations* de collaborateurs se côtoyant au sein de l'entreprise et les *profils* de personnalités. Pour les profils de personnalité, nous nous baserons sur la théorie du *Myers Briggs Type Indicator* (MBTI), développé par Isabel Myers et Catherine Briggs en complément des travaux de Karl Jung.

Les générations au travail

Les différentes générations occupées au sein d'une même entreprise ne développent pas forcément les mêmes attentes par rapport à leur lieu de travail. Les *Baby Boomers*, nés entre 1945 et 1960 vont privilégier les bureaux attribués reflétant leur statut hiérarchique ou leur ancienneté. Les pièces d'angle comportant plusieurs fenêtres, une salle de réunion personnelle, un mobilier plus luxueux constituent des éléments motivants. En leur proposant de travailler en *open space* dans des paysagers, en *home working*, en bureau satellite, en espace de travail partagé (espace non attribué et nombreuses salles de réunion), on prendra le risque de réduire drastiquement leur motivation si le passage au *dynamic office* et au nouveau monde du travail n'est pas bien préparé.

Les *Génération X*, autrement appelée Génération MTV, sont nés entre 1960 et 1980. Ces employés recherchent un environnement de travail détendu, convivial: le *casual Friday* (vendredi relax) instauré par cette génération l'illustre à merveille. Ils prônent la flexibilité et recherchent avant tout la possibilité de mener de front leur carrière professionnelle et leur vie familiale. Ils sont intéressés par toutes les solutions leur permettant de diminuer au maximum les contraintes de la vie quotidienne: *home working*, horaires décalés, accès Internet, aux media sociaux, etc. Ils privilégient aussi l'usage pragmatique de l'environnement de travail et plébiscitent les espaces partagés car ils renforcent la collégialité et le sentiment d'appartenir à une famille ou un cercle d'amis.

Quant à la *Génération Y* (ou Internet ou dotcom ou encore Millenium), ils marquent une large préférence pour les environnements de travail basés sur la technologie connectée (smartphone, media sociaux, blogs) et les plateformes collaboratives. Aussi, pour autant que la technologie suive, la pertinence de l'endroit d'où ils prestent leur activité reste faible. Par contre, il est primordial de leur réserver des zones de rencontres avec leurs collègues qui donneront la part belle à la détente et à l'amusement.

Enfin, la *Génération C*, Génération Connectée par excellence ou *Digital Natives*, englobe finalement plusieurs générations. Cette fois, l'âge marque nettement moins la différence. L'élément fédérateur de cette typologie se situe dans la capacité de vivre (et de travailler) connecté via les media sociaux, les blogs et les plateformes collaboratives. La hiérarchie traditionnelle n'a pas sa place dans ce système. La valeur ajoutée d'une personne, c'est le conteru de sa communication, la taille de son réseau et sa capacité à l'influencer. Le lieu de travail devient virtuel. Les barrières ne sont plus ni physiques ni organisationnelles. En fait, elles n'existent tout simplement plus. Tout est axé sur le partage et la collaboration.

Les profils de personnalité

La personnalité des collaborateurs représente l'autre facette servant à construire l'environnement de travail physique de l'organisation. La théorie de Karl Jung – qui postule que les personnalités sont innées- démontre parfaitement la tendance naturelle à l'introversion ou à l'extraversion. De même, soit l'on manifeste une préférence pour appréhender l'information de façon tangible et systémique, soit l'on envisage plutôt des concepts intangibles en reliant différentes informations apparemment éloignées. La prise de décision suit tout autant cette logique dichotomique: soit basée sur des faits apparaissant comme justes ou en phase avec la stratégie et ses cibles; soit basée sur des émotions apparaissant comme justes ou en phase avec le bien-être de chacun.

Compte tenu de la diversité des types de personnalités, il est clairement impossible de construire LE cadre de travail idéal qui rassemble tous les suffrages. Pour autant, il demeure envisageable d'intégrer un certain nombre de concepts qui satisferont le mieux possible les uns et les autres. Voici quelques pistes:

- Aménager des espaces de communication (coin salon dans de larges couloirs, *coffee corner*, cafeteria…) où les extravertis pourront s'exprimer sans contrainte;
- Aménager des espaces de concentration où les introvertis pourront s'isoler du bruit, surtout s'ils évoluent en *open space* et que la fonction requiert réflexion et analyse;

- Aménager deux types de salles de réunion:
  - des salles très fonctionnelles dans lesquelles pourront se tenir des réunions formelles où des décisions rapides doivent être prises;
  - des salles plus petites et plus confortables pour favoriser les échanges d'idées ou conversations plus feutrées;
- Mettre en œuvre une politique de gestion et de respect de l'environnement de travail: *clean desk*, gestion du bruit, isolement lors de longues conversations téléphoniques en espace de travail partagé; respect des codes d'archivages en espaces de rangements partagés, etc.

It's NwOW or never!

Depuis 2009, les sociétés converties au nWOW (l'environnement de travail dynamique) se positionnent comme des précurseurs dans le domaine. Fortes de trois années ou plus d'indicateurs dans le vert aux plans financier, environnemental, économique et social, elles possèdent assez d'arguments pour nous interpeler ou, à tout le moins, attirer notre attention. Puisque l'on reproche souvent aux RH de trop s'attacher à l'humain au détriment des données financières et opérationnelles de l'organisation, c'est le moment de saisir cette opportunité. Les DRH en manque de projet innovant dont l'environnement de travail est resté à ce jour en l'état ont donc sous la main LE levier idéal pour faire évoluer leur organisation.

Bien sûr, les adeptes de la culture *corporate* du surtout-ne-pas-bouger peuvent demeurer dans des bureaux cloisonnés et continuer leur petit train-train quotidien. Mais qu'ils n'imaginent même pas engager des talents de la génération X, Y et encore moins C. Il est grand temps de bousculer la routine du «mon bureau / mon imprimante / mon 9h00-18h00» et de dégager de l'organisation un avantage compétitif profitable à tous les étages de l'implication: employés, cadres et actionnaires.

Nous l'avons indiqué plus haut, les nombreux gains du télétravail s'étendent à chacun des champs d'activités sociale, économique, écologique et de développement durable. De même, la liste des avantages obtenus grâce aux environnements de travail dynamiques n'est pas exhaustive: gain d'espace loué, gain sur les frais de maintenance et d'entretien, gain sur les commandes de mobilier, gain d'énergie, gain en fluidité de la communication, gain en collaboration, gain de créativité, gain sur l'initiative, gain sur la réforme des processus...

Getronics, un modèle à imiter

Basé à Munich, Getronics existe depuis 125 ans. Ce groupe allemand de sociétés de services ICT à haute valeur ajoutée, fort de 4.000 collaborateurs répartis dans 13 pays à travers l'Europe et l'Asie, constitue le plus grand prestataire de services liés aux technologies de l'information et de la communication. Il jouit d'une image reconnue en consultance et gestion d'infrastructure ICT de l'environnement de travail, de la communication, des centres de données et du Cloud.

En 2010, les équipes belges ont dû déménager. L'équipe de direction, emmenée par Jean-Claude Vandenbosch, CEO de Getronics Belgium & Luxembourg, a alors opté pour un environnement de travail dynamique couplé au télétravail. Le *business case* monté pour convaincre la haute direction du groupe faisait état d'une économie totale de 9,7 millions d'euros sur 8 ans, soit un impact annuel de plus de €1.000,000. Voici les principaux facteurs d'économies directes:

- le nombre de m^2 loués: En réduisant sa surface louée de 8.000 à 6.000 m^2 grâce à la mise en place d'un environnement de travail dynamique, Getronics a économisé €5,1 millions.
- un coût moindre au m^2: en renégociant son nouveau contrat de bail et en choisissant son implantation dans une zone à la périphérie de Bruxelles, Getronics a bénéficié d'un taux préférentiel et d'une baisse de taxes. De plus, le couplage d'une location de surface moindre avec une politique de *clean desk* a impacté positivement tant les frais de nettoyage que les frais énergétiques. L'installation de détecteurs de mouvements a également renforcé les économies estimées en tout à €4,9 millions.
- l'environnement IT: la mise à disposition optimisée d'outils collaboratifs performants a permis quant à elle de réaliser des économies directes et indirectes estimées à €4,4 millions:
  - Bien que possédant un taux de rotation déjà faible, Getronics s'est néanmoins aperçu de l'impact positif que ce nouvel environnement de travail avait sur les mouvements de personnel. L'attraction d'excellents talents et l'accélération des processus de recrutement lui permettent désormais de disposer plus rapidement de consultants plus vite opérationnels sur des missions clients. Le coût de cet impact sur la marge est estimé à €1,65 millions.

- Getronics encourage aussi les réunions virtuelles. Grâce aux outils de collaboration et aux systèmes modernes de communication et de vidéoconférence, le groupe économise €550.000 euros, sans compter la productivité gagnée par l'économie d'heures passées dans les transports et les aéroports.
- Un équipement adapté en salles de réunion contribue également à une augmentation de la productivité, pour un montant estimé à €550.000. D'une part, il est possible de se connecter directement et donc de commencer la réunion sans délai. D'autre part, les salles sont équipées de *smartboards*, ces tableaux sur lesquels écrire au feutre électronique, modifier en direct le document projeté sur le terminal utilisé; et directement envoyer par email la nouvelle version du document ou imprimer les minutes de la réunion.
- A l'exception de certaines fonctions imposant une présence physique, à l'instar des réceptionnistes, tout le staff de Getronics peut recourir au télétravail. Les économies réalisées sur les déplacements et les transports quotidiens s'élèvent à €1,7 millions.

Deux ans après l'implémentation du nWOW, Getronics découvre encore d'autres économies additionnelles réalisées:

- Puisque plus personne ne possède de bureau attribué, il n'existe plus de déménagements internes accompagnant les changements de fonctions ou l'arrivée d'un nouveau talent.
- L'installation de nouvelles imprimantes multifonctions (5 sur une surface de 6.000 m^2) avec le système *follow me* (suis-moi) permet au groupe de réduire significativement ses frais d'impression et de gestion du parc d'imprimantes. Les impressions sont paramétrées en noir et blanc et recto-verso.
- Les salles de réunion se réservent directement via *Outlook*, diminuant fortement la charge de travail liée à l'organisation des réunions.

L'investissement initial qui a permis ces économies consiste en 4,7 millions de *capex* (investissement lié au capital) pour couvrir l'infrastructure immobilière, les tapis, les installations électriques, la sécurité et l'IT. Les économies de €14,4 millions couvrent 3 fois l'investissement initial, dégageant ainsi le million d'euros annuel mentionné en début de paragraphe.

Naturellement, outre l'impressionnant impact financier, la mise en œuvre du nWOW réalise parfaitement la stratégie de Getronics basée sur cinq facteurs critiques de succès:

1. une gestion financière optimisée;
2. un haut niveau d'engagement du staff grâce à une plus grande flexibilité et un meilleur équilibre vie privée / vie professionnelle;
3. une plus haute performance et une plus grande qualité, assurées grâce à l'environnement de travail dynamique, à la digitalisation et aux services améliorés en IT et en gestion d'espace;
4. une plus grande satisfaction des clients, grâce notamment à un engagement plus élevé des collaborateurs et à une meilleure performance des processus;
5. une meilleure réputation en gouvernance et en conformité aux règles. Une plus grande responsabilité sociétale via une gestion maîtrisée de l'énergie (*green office*, *green IT*), des impressions et des déchets.

Admettons-le, il existe encore beaucoup de comités de direction qui, par peur du changement ou de perte de statut matérialisé par leurs grands bureaux dédiés, demeurent encore réfractaires à l'idée même de télétravail ou d'environnement de travail dynamique. Si c'est le cas dans votre organisation, vous savez maintenant qu'il existe désormais suffisamment d'exemples probants de pionniers ayant tenté l'expérience pour démontrer par A + B et chiffres à l'appui les économies presque indécentes que les suiveurs pourraient réaliser.

Quel conseil d'administration demeurerait insensible à de pareils arguments? Si la gestion d'un tel projet n'ouvre pas la voie au développeur de Patrimoine Humain; si elle ne le positionne pas comme *business partner* de l'organisation, alors je me demande vraiment ce qu'il faut encore aux DRH pour pouvoir se profiler comme de vrais acteurs de changement au sein de leurs organisations.

Mais l'heure n'est pas au désespoir. Car les voix s'élèvent et les discours proactifs trouvent de plus en plus d'échos favorables, sinon dans les comités de direction, déjà parmi le personnel. Que la pression s'exerce d'en haut ou d'en bas, la pression est là. Et heureusement, elle ne faiblit pas. Car essayer un environnement de travail dynamique, c'est l'adopter; plus personne ne veut revenir en arrière. Quand bien même un collaborateur changerait d'employeur, il souhaitera retrouver un niveau au moins équivalent au confort de vie expérimenté précédemment. Qu'on se le tienne pour dit!

«Le nWOW, c'est super... pour les autres!»

Objection classique de papy-fait-de-la-résistance: «*un environnement de travail dynamique, c'est très bien pour les collaborateurs ou le middle management, mais hors de question pour le top management. Ca ne fonctionne juste pas!*»

Bon, il n'est pas idiot de se demander si le télétravail ou un environnement de travail flexible s'appliquent à toutes les catégories de management. Maintenant soyons réalistes. Savez-vous où se trouvent actuellement vos CxO? À moins d'être leur assistant(e) ou leur conjoint (et encore...), vous n'avez sans doute aucune idée du lieu ou de l'heure de leur passage. Le plus souvent, ils font juste acte de présence dans les locaux ou les bâtiments. Ils doivent de toute façon tenir tant de réunions à l'extérieur qu'en définitive, il est impossible de les tracer. La seule chose dont chacun se doute, c'est qu'ils travaillent beaucoup, voire 24/7 pour certains, même en vacances.

Du coup, bureau fixe au dernier étage du siège ou pas, qu'est-ce que cela change? La réponse est simple: rien sinon l'égo du Directeur. Pas d'emplacement de parking réservé, pas de bureaux à 8 fenêtres au sommet de la tour, pas de grands et beaux volumes de pièce, pas de surface au sol de 50m² pour épater la galerie... Bref, pas de parquet qui craque sinon le vernis du statut hiérarchique.

Et par ricochet, pourquoi les membres des comités de direction, les Vice-Présidents, les General Managers de business units et leurs propres collaborateurs du lower top management à l'upper middle management se croiraient-ils exemptés de nWOW? Est-ce par croyance que le monde s'écroulerait sans eux? Des fois que les troupes ne se tuent pas à la tâche en leur absence... Ou bien est-ce par croyance que le monde se construirait sans eux? Des fois que la nomination du futur CEO se prenne un jour où ils seraient précisément ailleurs. Peut-être...

Pourtant, poser la question, c'est déjà y répondre. Et c'est d'autant plus important que l'ensemble de l'organisation, y compris le top management, joue à la fois le jeu (*leading by example*) et bénéficie des bienfaits d'un environnement nWOW. La preuve que c'est faisable:

- En 2002, Guibert Del Marmol, General Manager de DBAssociates Belux et Benoît Greindl, CEO du Groupe DBAssociates montraient l'exemple en abandonnant définitivement les attributs spatio-temporels liés à leur fonction;

- Frank Van Massenhove, Président du SPF Sécurité Sociale, a été le premier haut fonctionnaire à abandonner son bureau en 2008;
- Johnny Thys, CEO de La Poste belge, l'a suivi de peu (en se gardant tout de même une zone privilégiée; mais il faut bien apprendre à marcher avant de courir ☺)
- Depuis 2010, Jean-Claude Vandenbosch, CEO de Getronics Belgique, ne possède plus de bureau fixe.

Au pays de Candy[19]

«*On ne parle bien que de ce que l'on connaît*» dit-on. Fort bien. Je vais donc m'attarder un instant sur ma situation. Je suis membre du Comité de Direction du ministère de la Sécurité Sociale belge et à la tête du département appelé traditionnellement (et dans sa forme réglementaire) «Personnel et Organisation». J'y remplis la fonction de *Chief Happiness Officer* (titre tout de suite nettement moins réglementaire).

Mais je suis avant tout la maman d'un petit, pardon, d'un grand garçon de 6 ans. Depuis qu'il est entré en maternelle, je le dépose tous les jours à l'école à 8h30. Le mercredi, je travaille de chez moi. Les autres jours de la semaine, sauf exception ou urgence, je me présente à 15h30, à l'école. Entre 15h30 et 19h30, je réponds à mes appels. Toutes les heures, je vérifie mon courrier et je traite les emails les plus urgents.

Dans ce créneau horaire, ma priorité c'est mon fils et son épanouissement. Et dès qu'il est au lit, je reprends mes dossiers. Au niveau professionnel, mon équipe et moi-même sommes en phase avec nos objectifs. Selon la dernière enquête de satisfaction des services internes, 82,7 % de nos collègues se déclarent de 'satisfaits' à 'très satisfaits' des services que nous leur rendons.

Si je m'autorise à travailler de la sorte, je l'autorise bien évidemment aussi à mes collaborateurs. Plus de 80% de l'équipe travaille de la maison et ce, jusqu'à 3 jours par semaine. 94% de ses membres se déclare heureux ('happy', on y vient) de faire partie de l'équipe; et engagé vis-à-vis de l'organisation; et 90% se déclare fier d'elle et d'en être.

....

19 «Au pays de Candy, comme dans tous les pays, on s'amuse, on pleure, on rit; il y a des méchants et des gentils...» – Dessin animé des années 1980

Je vous le concède, ce n'est pas roses et violettes tous les jours. Oui, comme partout, notre équipe traverse des périodes de tension et de fatigue. Et comme partout, je rencontre des imprévus qui m'obligent parfois à mettre entre parenthèses soit ma vie privée, soit ma vie sociale, soit ma vie professionnelle. Mais c'est précisément là que je jouis d'une forte dose de stress en moins: la flexibilité du nWOW me donne le choix et par conséquent un vrai sentiment de liberté, facteur d'épanouissement.

Qu'il est gratifiant (extrêmement) d'avoir un employeur qui valorise vos compétences plutôt que votre appartenance à l'un ou l'autre genre! Qu'il est épanouissant (extrêmement) d'avoir un employeur qui attache plus d'importance au travail et aux résultats que vous délivrez plutôt qu'au temps et à l'horaire que vous passez au bureau! Je souhaite à tous de pouvoir un jour le vivre.

Le futur de l'environnement de travail

Si le *flexiplace* / *flexitime* devient la norme qu'il convient d'instituer actuellement, quels sont les développements auxquels nous devons nous attendre? L'évolution à venir de l'environnement de travail peut être considérée sous 2 angles:

- l'augmentation de la flexibilité: *flexitools* et *flexiroles*
- le partage de l'environnement de travail: hub et espace de *co-working*

Flexitools

Depuis quelques mois, les discussions sur le BYOD[20] commencent à fleurir sur Internet et dans les forums. La raison? La jeune génération, les collaborateurs ICT et autres experts en communication qui travaillent de plus en plus avec leurs propres outils: PC d'une certaine marque, iMac, iPad ou smartphone. Le fait qu'ils possèdent déjà à titre personnel ces outils de travail choisis à leur mesure augmentent l'exigence de posséder dans l'environnement de travail le même niveau de qualité. Si l'on inclut les systèmes d'exploitation (environnement PC ou Mac), on parle alors de BYOT, *Bring Your Own Technology*.

....

20 Rappel: *bring your own device*, traduit littéralement par «prends ton propre matériel» Voir glossaire.

Le BYOA (*Bring Your Own Application*) quant à lui s'applique déjà parmi les nombreux collaborateurs téléchargeant à leur frais, sur leur smartphone perso ou pro, des logiciels et applications à utiliser dans un cadre professionnel. Pour les collaborateurs, il s'agit bien plus d'une nécessité que d'une tentation d'accéder au réseau de l'entreprise avec leurs outils personnels plutôt que ceux mis à leur disposition mais ne correspondant que peu ou prou à leurs habitudes! Et si cette nécessité leur est refusée, elle risque de rapidement évoluer en frustration, pouvant même déboucher dans les cas extrêmes à la démission pure et simple.

Comment les organisations réagissent-elles?
Des noms et des chiffres!

- En 2011, Aberdeen Group a publié une enquête révélant que 72% des sociétés sondées autorisent l'usage (souvent tacite) du BYOD pour un usage certes, extrêmement limité. C'est tout de même 4 fois plus qu'en 2008. Le groupe prédit qu'en 2014 ce chiffre atteindra les 100% pour un usage de moins en moins restrictif.
- Ce chiffre est corrélé par l'étude de Forrester de mars 2012 qui révèle que 74% des salariés sondés utilisent au moins 2 terminaux sur le poste de travail, un privé et un professionnel. A cet égard, les prévisions des chiffres de vente de smartphones (428 millions) et de tablettes (70 millions) sont d'ailleurs éloquentes.
- En janvier 2012, Avanade publiait une enquête portant sur 600 décideurs dans 17 pays. 88% des dirigeants déclaraient utiliser leurs outils personnels à des fins professionnelles et 73% des décideurs décrétaient l'intégration du BYOD comme une de leurs priorités.
- Une dernière enquête publiée fin mai 2012, effectuée sur un échantillon de 100 décideurs et employés français, révèle que la plupart des employeurs interrogés semblent favorables à l'utilisation du BYOA et que 71% des collaborateurs déclarent utiliser des applications payées par leurs soins à des fins professionnelles.

Notons toutefois que si le BYOD figure dans l'agenda des comités de direction ICT depuis quelques mois, la plupart des organisations n'apportent pas de solutions structurées autres que: «*non, c'est interdit; mais comme je ne vois pas ce que je ne sais pas, à ce jour...*

je n'ai rien vu». Or Gartner a établi en 2011 que 37% des collaborateurs utilisaient déjà leurs propres outils sans la permission de leur management. Autant prendre acte de cette tendance lourde et surtout, prendre les devants.

A cet égard, l'exemple d'IBM est plutôt révélateur. En 2010, après avoir accordé à ses collaborateurs l'autorisation d'utiliser leur propre matériel, le géant ICT s'est retrouvé en pleine crise de paranoïa suscitée par le nombre de risques recensés. En effet, les applications privées véhiculaient des virus contaminant le réseau, d'où une mise en danger de la confidentialité des données. Depuis, les responsables IT acceptent les applications personnelles à condition de désactiver certains paramètres jugés risqués pour leur organisation.

Mais comme chaque crise engendre des opportunités, IBM a donc développé une application (Traveller) permettant aux adeptes du BYOD d'utiliser en toute sécurité son réseau et d'accéder sans (presque aucun) risque aux programmes informatiques et autres données. Quid d'un employé en partance ou de l'étourdi qui égare son bien? IBM peut effacer à distance l'ensemble des données professionnelles contenues sur le matériel (en)volé. Voilà déjà de quoi rassurer le management!

En 2012, 40.000 collaborateurs sur 400.000 possédaient un Blackberry octroyé par IBM. Or le double, soit 80.000 collaborateurs, accède de façon sécurisée via Traveller au réseau du groupe. Alors, succès ou pas? A en croire la CIO Jeanette Horan[21], il n'y a pas lieu de se réjouir: «*l'organisation ne fait aucune économie, que du contraire.*» Comment l'expliquer? Tout simplement par l'obsession d'IBM de contrôler et de sécuriser absolument tous les systèmes d'exploitation utilisés en BYOT. Non seulement il s'agit d'un travail de titan, mais le ROI reste à prouver, comme l'indiquent les résultats de recherches internet sur le sujet.

Plutôt que de laisser ses collaborateurs recourir à Dropbox ou l'iCloud d'Apple, IBM développe ses propres outils à coût de millions d'euros et investit massivement auprès des utilisateurs dans la prise de conscience des risques qu'ils lui font prendre en introduisant des applications non officielles. Jeanette Horan confesse malgré tout la position extrêmement conservative d'IBM; déjà un grand progrès en soi!

....

21 https://mail.google.com/mail/?tab=mm#search/horan/1385bfd68d14ef30

Mais à toute chose malheur est bon. Puisque l'application Traveller s'est révélée sûre, autant la vendre... à Colgate-Palmolive, entre autres, qui étend le BYOD au sein de son organisation via cet outil. Jusqu'au début 2011, l'organisation n'avait octroyé de Blackberrys qu'à seulement 4% de ses 26.000 collaborateurs, soit 1.000 cadres. Sachant qu'un américain sur 3 possède un smartphone, il y a là matière à réflexion. La même année, Colgate-Palmolive a 'revu sa copie' en adoubant 524 collaborateurs munis de leur Blackberry privé, économisant dans la foulée €1.000.000 en frais de licences *corporate* à payer initialement à Blackberry.

Vous êtes toujours avec moi? Si vous n'avez pas attrapé la migraine, je vous livre la nouvelle tendance: l'*Inverse-BYOD*, aussi appelée le BOID, *business-Owned Internet Device*. L'organisation qui s'y adonne interdit l'usage d'outils privés sur le lieu de travail mais fournit du matériel à ses collaborateurs et leur ouvre au maximum son réseau en abaissant les niveaux de sécurité des accès internet. Elle peut ainsi garder la main sur l'ensemble de l'expertise IT (équipement, programmes et réseau) tout en restant totalement orientée 'utilisateur'. En retour, ceux-ci expriment peu de frustrations ou émettent peu de critiques. Cette approche augmente mécaniquement la mobilité des collaborateurs et accroît leur responsabilité morale de ne pas endommager le réseau.

Et le rôle des RH dans tout ce bric-à-brac IT?

S'il repose effectivement sur les épaules des collègues de l'informatique de comprendre et d'optimiser les réseaux et les outils nécessaires au soutien du BYOT, puis de construire et d'étendre l'infrastructure de support, il relève par contre de la responsabilité des RH d'accompagner le changement des mentalités et des pratiques. Cela inclut (même si ça me brûle les doigts de l'écrire) de veiller aussi à respecter les aspects juridiques et règlementaires qu'implique une telle évolution.

En effet, si le juridique n'est pas d'équerre, il y a fort à parier que l'approche BYOD/BYOT fasse chou blanc au premier couac. A l'opposé de la politique de l'autruche, les règles de sécurité, de contrôle (oui!), de monitoring, de respect de la vie privée, etc., doivent être clarifiées dès le départ si l'organisation souhaite consciemment étendre le système à toute l'infrastructure.

Les responsables IT se positionnent parfois comme garants de la gestion des risques, surtout lorsqu'ils s'opposent à une proposition. Aussi, lorsque par chance le *Chief Information Officer* se révèle conscient des défis de l'organisation et du rôle de l'IT dans la guerre des talents, la combinaison des deux expertises IT et RH peut se muer en véritable arme de frappe pour emporter la victoire.

En effet, aborder le BYOD, c'est évoquer à la fois les outils mais aussi les processus et les personnes. Or, l'information, la formation et la communication relève des RH qui, à défaut d'être instigateurs, peuvent encourager et soutenir cette nouvelle approche de l'environnement de travail. Les responsables RH doivent à nouveau se poser en acteur de changement.

Flexiroles

Il est loin le temps où une carrière s'effectuait du début à la fin dans une même organisation. Certes, des exceptions demeurent dans le secteur public, chez certaines sociétés familiales ou grands groupes. Même dans ces entités, les possibilités d'évolution sont pléthores, soit dans une carrière latérale (même niveau de responsabilité pour un contenu de fonctions différent) soit dans une carrière verticale (spécialisation en expertise ou rôle plus complexe de management).

Les statistiques et la littérature s'accordent: la génération X (1960-80) changera de 5 à 10 fois d'employeur durant sa carrière. La génération Y (1980-00) *réorientera* de 5 à 10 fois sa carrière. Avez-vous déjà songé à la pluridisciplinarité de leur éducation scolaire sportive, musicale, sociale, etc.? Pour vous en convaincre, comptabilisez le nombre d'heures/semaine dédiées à toutes leurs activités extrascolaires. Pas étonnant si, à des rythmes certes différents, ces deux générations ont réussi pour la plupart à dompter le digital et la disparition des frontières entre les mondes physique et virtuel.

Lorsque chacun peut se connecter avec n'importe qui, n'importe quand et n'importe où, il devient complètement illusoire d'imaginer maintenir très longtemps dans un rôle défini la majorité des collaborateurs. Le plus amusant en recrutement, c'est que beaucoup de primo-accédants au marché du travail tournent cette volatilité en critique majeure, déclarant en substance: «*vos plans de carrières sont faiblards.*» Je l'avoue, ce paradoxe me dépasse. Nos talents en devenir exigent d'abord d'obtenir une vue précise de leur futur au sein de l'organisation avant de condescendre à offrir quelque garantie de leur loyauté: «*offrez-moi un plan de carrière tout cuit avec formations et coaching à l'appui s'il vous plaît et je vous dirai si je reste.*»

La prise d'initiative et surtout la prise en main de carrière ne constituent pas les atouts majeurs de cette génération Y, soit trop idéaliste soit trop inconsciente (les deux s'accordent) sur ce point. Cela dit, contrairement à une bonne partie de leurs aînés, ils réalisent toute l'importance de maintenir une bonne employabilité et de développer en permanence son réseau et son portefeuille de compétences afin de consolider sa carrière. Mais bon, il ne revient pas à l'employeur de leur dérouler le tapis rouge sur foi de leur joli minois, c'est-à-dire leur CV!

Le développeur de Patrimoine Humain ne doit pas se transformer en Atlas antique portant le monde sur ses épaules. Ça tombe bien, il n'en a pas les moyens. Somme toute, nous partageons avec le management la responsabilité de créer et favoriser les conditions propices au développement de carrière et ce, de façon durable et économiquement responsable. Comprenez par-là, sans construire une nouvelle usine à gaz RH (chapitre 7).

Il est critique pour la survie de nos organisations de (re)placer le devoir du développement de carrière dans les mains de ceux à qui il appartient, j'ai nommé: les collaborateurs eux-mêmes. Ce développement de carrière sera bien entendu (en)cadré en fonction des besoins du business (validé par le management direct en quelque sorte). Les RH devront trouver le bon et délicat équilibre entre effort de développement de carrière centralisé ou décentralisé.

Mais quels budgets allouer au collaborateur, au manager et aux RH pour financer la mise en œuvre de ces besoins de développement? Une solution toute simple revient à déléguer au niveau des équipes la responsabilité des formations techniques ou d'expertise; aux RH de conserver le développement de compétences stratégiques ou transversales: leadership, stratégie, management, *soft skills* (communication, comportement, connaissance de soi, etc.).

Naturellement, l'expression «développement de carrière» ne se restreint pas uniquement au développement de compétences via des formations. Il est beaucoup plus constructif pour l'organisation comme pour les collaborateurs de pouvoir choisir ponctuellement les projets ou tâches sur lesquels vouloir s'investir. En effet, rien de plus catastrophique au niveau management que le «désigné volontaire d'office»:

ce collaborateur malheureux qu'un supérieur hiérarchique scotche littéralement sur un projet. Comment le projet peut-il l'intéresser? Où aller puiser la motivation?

Je suis convaincue que l'organisation à tout à gagner à annoncer via des plateformes collaboratives la liste des projets qu'elle compte mener, puis d'ensuite ouvrir les inscriptions sur base du volontariat. Après tout, cette pratique existe déjà pour l'ouverture d'un poste ou une vacance de fonction: les opportunités sont d'abord postées en interne avant d'être publiées à l'extérieur. Ici, même principe mais appliqué aux projets.

Cela réclame certes un minimum de travail de coordination. En retour, nous obtenons l'assurance de la motivation des collaborateurs qui se manifestent. Gageons que le projet ne s'en portera que mieux. En outre, dans le cas de projets multidisciplinaires, les collaborateurs viendront de différents horizons, apprendront à collaborer ensemble et créeront ainsi de nouvelles connexions au sein de l'organisation. Cela s'appelle une gestion *win-win-win*: bénéfices pour l'organisation, pour les projets et pour les talents.

Hub et coworking ou le savoir partager son environnement de travail

Si vous flexibilisez votre espace de travail en enclenchant le mode 'environnement dynamique' et 'télétravail', vous vous retrouverez tôt ou tard avec trop de surface sur les bras. Vous êtes locataire? Voilà une excellente opportunité de réduire l'espace loué à l'échéance de votre bail. Par contre, de nombreuses organisations sont soit propriétaires soit liées à un contrat de bail dont l'échéance est lointaine. Je pense par exemple à la *Régie des Bâtiments* de l'Administration belge qui fait signer des contrats de bail de 27 ans aux administrations! Cela ne pousse pas vraiment à la remise en question.

Que faire alors? Pourquoi ne pas dynamiser l'environnement de travail en l'ouvrant à d'autres personnes extérieures à votre organisation? Les espaces de *coworking* ou les *hubs* sont autant de lieux dont les bureaux se louent à la journée, à la semaine, voire ponctuellement ou par intermittence. Un système d'*hotelling* (réservation anticipée d'espace et de services mutualisés: imprimantes, Wi-Fi, accès au réseau, etc.) permet aux jeunes entrepreneurs ou aux indépendants de partager des espaces conviviaux, à moindre coûts et surtout adaptés à leurs besoins.

Ces espaces fleurissent indépendamment les uns des autres, en général dans les grandes villes. Toutefois, certains réseaux structurés offrent de retrouver la même convivialité et la même philosophie de partage d'espace. On peut donc se sentir au bureau sans être dans ses bureaux; chez soi sans y être ou au sein d'une communauté sans pour autant y vivre.

Au niveau mondial, l'exemple de loosecubes.com constitue un cas d'école en son genre[22]. Une jeune entrepreneuse newyorkaise a mis sur pied une plateforme rassemblant des postes de travail, soit au sein de *hubs* soit – et là, ça devient vraiment intéressant – au sein d'organisations mettant une partie de leur infrastructure au service de professionnels de l'extérieur. Il s'agit non seulement d'une excellente façon de rentabiliser son espace mais aussi d'une incroyable opportunité de côtoyer des compétences absentes de ces organisations.

La mise en ligne du poste de travail proposé se pratique de façon similaire à la location d'un appartement: photos, description de l'environnement, des services et des facilités; et du coût de location. Le site de Loosecubes offre ainsi une vue globale au niveau mondial des postes de travail 'membres' de son réseau. Cela implique aussi que Loosecubes se réserve le droit de publier ou non l'offre: la qualité, les services et le pouvoir d'attraction doivent être au niveau. Impossible de louer un bureau lugubre au 3ème sous-sol près du local poubelles.

Plus qu'un service, Loosecubes c'est également une expérience. Les offres sont notées par les utilisateurs avec appréciation des lieux, du service et de l'atmosphère. Et surtout, la mission de Loosecubes a de quoi interpeller. En substance, Loosecubes vous donne tous les jours «*des opportunités de travailler où et quand vous voulez et, le plus important, avec tous ceux qui vous inspirent à être heureux et productifs.*» Voyez son manifesto sur loosecubes.com/manifesto

Reste au 'visiteur' conquis de réserver son poste de travail et les services afférents et de payer en ligne; puis de se rendre le jour ou la semaine convenu(e) à *son* bureau du moment. Petite réserve, en six semaines d'exploitation, le réseau Loosecubes ne s'accède plus que sur invitation.

A nouveau, tout le monde y gagne à la hauteur des trois piliers de l'environnement de travail: le business, l'organisation et les utilisateurs:

....

22 même si l'organisation a stoppé ses activités fin 2012, le concept ne perd en rien de sa force.

- En jouant les entremetteurs, l'organisation stimule la création de nouveaux *business*, tout en rentabilisant son espace et son réseau.
- En s'ouvrant sur le monde, l'organisation améliore son image: elle permet à de jeunes entrepreneurs ou à des indépendants de se lancer à moindre coût.
- Les utilisateurs de ces espaces partagés flexibilisent leurs frais de fonctionnement tout en ayant accès à un service et une infrastructure de qualité.

Le développeur de Patrimoine Humain comme générateur d'opportunités

Au-delà de l'ouverture de réseaux flexibles, dynamiques et partagés, d'espace de travail, les RH peuvent optimiser leur utilisation en organisant des *Jelly days*. Ce concept assez novateur permet aux utilisateurs de se rassembler un jour donné autour d'une thématique déterminée pour se livrer à un grand *brainstorming* ou remue-méninges, sans établissement préalable et strict d'une liste de participants. Une fois fixés les objectifs de la journée, un seul mot d'ordre: lâcher prise!

Là encore, le développeur de Patrimoine Humain se positionne comme générateur d'opportunités offrant aux hommes et aux femmes de son organisation les moyens de grandir, de se développer et de se connecter au plus grand nombre pour mieux partager connaissances et expériences. Quand les portes de l'organisation s'ouvrent sur le monde extérieur, quelle superbe opportunité de relations publiques! Un vrai *momentum* de diffusion de messages internes vers ses hôtes et, dans une certaine mesure, d'éducation à sa culture interne, ainsi que le démontrent les exemples qui suivent.

Le siège de Google Irlande accueille tout visiteur *business* désireux de s'associer d'une manière ou d'une autre au géant du Web. Outre leur grand'messe RP[23] et les négociations conduites en privées, les équipes de Google forment les visiteurs à une surprenante facette de leur culture interne: l'abandon du *multitasking*[24].

23 Relations Publiques
24 Le recours simultané à deux ou plusieurs medias en même temps

Le constat est simple: cette caractéristique inhérente aux jeunes collaborateurs de Google entraîne de grosses pertes de productivité. A l'usage, casque vissé sur les oreilles, surfer constamment d'une tâche à l'autre, d'un écran de travail à un écran Facebook, etc., réduit fortement la capacité de concentration et *in fine*, l'efficacité et donc la performance.

Cela n'empêche pas Google de continuer à offrir des espaces de travail complètement décalés, à l'agencement particulièrement créatif et multifonctionnel. Les visiteurs reçoivent donc une heure durant une formation en concentration. Et Google de diffuser sa culture d'entreprise au travers de ces rencontres!

Au SPF Sécurité Sociale, une petite dizaine de managers donnent en moyenne une centaine d'exposés par trimestre sur le projet de changement et sur la culture interne. Afin de diminuer le niveau de réticences des *top managers* vis-à-vis du nWOW, le SPF a déjà mis gratuitement sa salle de comité de direction à la disposition d'autres comités de direction ou d'organisations *business* ou syndicales afin qu'ils puissent expérimenter par eux-mêmes cet environnement de travail. L'étape suivante consiste à s'inspirer de Toyota ou Google en concentrant les visites sur 2 jours/mois pour, en quelque sorte, permettre aux visiteurs d'apprendre des uns et des autres (et d'eux-mêmes), de leurs expériences, leurs faits d'arme, leurs réticences, etc.

Quel type de leadership *pour les télétravailleurs?*

Prêt pour un petit 'jeu des 7 erreurs'? OK; vous voilà responsable d'employés tout *happy* de télétravailler. En tant que *manager*, comment les maintenir performants ET *happy*?

Quand le chat n'est pas là les souris dansent. Pas question de les lâcher dans la nature.
☐ Bien ☐ Pas bien

Réaction classique de «Papy-fait-de-la-résistance». Vous avez (ou votre organisation a) engagé vos collaborateurs pour leurs compétences intellectuelles et relationnelles. Ils ne sont donc pas lobotomisés dès la signature de leur contrat. Est-ce leur rendre service que de les infantiliser? Alors, pourquoi les juger incapables d'être autonomes ou de travailler sans sentir sur eux le poids de votre regard? Par contre, si vous avez appris l'art de déléguer (à l'antipode du donneur d'ordre) et rempli votre rôle en fixant les objectifs à atteindre, laissez-les agir à leur guise et à leur aise. Faites-leur confiance. Respectez-les en tant qu'adultes, ce qu'ils sont.

OK. Alors, je vais bien les gaver... vont pas trouver le temps de s'ennuyer!
☐ Bien ☐ Pas bien

Nous sommes mercredi, il fait beau, vos collaborateurs sont en télétravail et vous sentez le coup fourré? Oui, mais ils ne sont pas chez eux pour se dorer la pilule au soleil avec les enfants. Inutile et contreproductif de les surcharger de travail tout en exigeant de tenir des délais que vous n'auriez même pas imaginés s'ils étaient restés au bureau. Pas non plus la peine de piquer une crise de nerfs au téléphone parce que vous entendez les coin-coin de Sophie la Girafe en bruit de fond ou parce que «*maman vient juste de partir à la boulangerie.*» Tout cela est normal. Le monde ne s'arrête pas de tourner parce que vos collaborateurs télétravaillent! Que faire alors? Lire le point suivant.

Bon, je donne à chacun sa to do list quotidienne clairement définie par mes soins (amen).
☐ Bien ☐ Pas bien

Fixer des objectifs clairs, précis et réalistes, c'est bien; mais sûrement pas pour chaque jour de télétravail. Afin de permettre à chaque collaborateur de s'organiser à sa guise, déterminez une période beaucoup plus longue. Et ne demandez pas à votre collaborateur d'établir sa liste des activités à produire sur une journée de télétravail. Pas plus que d'établir la liste des tâches accomplies en fin de journée. A moins que vous ne désiriez vraiment lui faire perdre 90 précieuses minutes quotidiennes de temps consacré à atteindre les résultats requis.

Je dois quand même maintenir la pression avec quelques appels inopinés de rappel à l'ordre.
☐ Bien ☐ Pas bien

Appel ou rappel? Vos collaborateurs ont besoin d'un *boss* qui leur fasse confiance, bref qui soit devant eux, pas derrière eux. Ils n'ont pas besoin d'une maman, encore moins d'une belle-mère, qui les appelle toutes les 5 minutes pour prendre leur température. Comment voulez-vous qu'ils se concentrent dans ces conditions? Par contre, envoyez-leur un email regroupant vos questions et réservez le téléphone pour les vraies urgences.

Là, je les appelle parce que cette réunion urgente de dernière minute est vraiment importante.
☐ Bien ☐ Pas bien

Vraiment? Généralement, les réunions *extrêmement* urgentes, donc TRES importantes, sont aussi très rares. Dieu merci, les crises ne forment heureusement pas notre lot quotidien. Hors réunion de crise, tout autre rassemblement sera planifié. Faire revenir ses collaborateurs d'urgence au bureau le jour de leur télétravail parce que vous n'êtes pas organisé est un signe d'agitation inutile doublé d'un manque de respect. Tout sauf une preuve de pouvoir. Il est plus intelligent et beaucoup plus efficace de planifier sur plusieurs semaines de régulières réunions en équipe et en tête-à-tête. Tout le monde y gagnera.

Ça va, j'ai compris, je les laisse tranquille, ils savent ce qu'ils font. Je leur parlerai à leur retour.
☐ Bien ☐ Pas bien

Le mieux est l'ennemi du bien. Vos collaborateurs sont physiquement loin de vous; parfois plusieurs jours par semaine. Vous leur faites confiance et les résultats suivent? Bien. Ce n'est toutefois pas une raison pour faire le mort. Ils ont régulièrement besoin de feedback, de recevoir un avis, d'exprimer une opinion ou simplement de confronter deux points de vue. Aussi, restez accessible. Offrez régulièrement du feedback, positif ou négatif, mais toujours constructif.

Mes équipes jouissent du télétravail. Et moi? Il faut bien que quelqu'un reste pour tenir la barre.
☐ Bien ☐ Pas bien

Ce n'est pas parce que vous êtes en charge d'une équipe que vous devez maintenir votre présence cinq jours sur cinq au bureau. Votre équipe fonctionne-t-elle lorsque vous êtes en vacances? Bien sûr. Et votre organisation ne vacille pas juste parce que vous êtes malade. Alors, pourquoi en serait-il autrement si vous télétravaillez? Au contraire, gérez par l'exemple. C'est le plus grand service que vous pourrez rendre à vos collaborateurs adeptes du télétravail. Vous les déculpabiliserez et, en bon chef d'orchestre, vous donnerez le LA et le tempo fonctionnel à votre équipe.

CHAPITRE 4

Culture d'entreprise: passions partagées

«Personne ne peut siffloter seul une symphonie; seul un orchestre peut l'interpréter»[25]

H.E. Luccock

25 *No one can whistle a symphony. It takes a whole orchestra to play it*

Les experts définissent la culture d'entreprise comme l'expression de normes implicites et explicites, au niveau administratif, comportemental et organisationnel, régissant les relations entre les hommes et les femmes qui composent une organisation. La culture d'entreprise décrit les références et comportements communs et vise à «standardiser» les approches vis-à-vis de situations données.

Moins prosaïque, ma définition de la culture d'entreprise peut vous sembler romantico-naïve, voire enfantine. Elle constitue pour moi «*l'élément invisible aux yeux des collaborateurs mais visibles avec leur cœur*». Elle est l'âme d'une société, permettant de distinguer l'une de l'autre deux entreprises au même core business, avec le même savoir-faire à l'œuvre sur le même marché. Cet élément immatériel et par conséquent, quasiment impossible à mesurer, n'apparaît évidemment sur aucun bilan financier. Et pourtant, c'est elle qui insuffle la vie à l'organisation, qui en assure sa cohésion.

La culture d'entreprise se compose de quatre ingrédients majeurs:

1. la culture nationale ou régionale;
2. la personnalité des fondateurs;
3. la culture des hommes et des femmes qui composent l'organisation;
4. le vécu de l'organisation (la façon dont elle a traversé les événements majeurs de sa vie).

La culture est transmissible (aux nouveaux recrutés par exemple), évolutive (en fonction des événements de la vie de la société et de la personnalité du management) et spécifique (pour être reconnue et adoptée par ses collaborateurs, voire même transmise en dehors de l'organisation).

Une âme à double tranchant

Ignorer la culture d'une entreprise (soit ne pas la (re)connaître, soit en faire fi) peut tout simplement détruire l'entreprise elle-même. Combien de fusions ou d'acquisitions n'ont pas échoué par inattention ou dédain pur et simple de cette dimension, malgré les projections alléchantes avancées par les champions universels de tableurs Excel lors des analyses précédant la décision d'acquérir ou de fusionner?

Deux exemples, non des moindres:[26]

- En 1994, Quacker Oats acquiert Snapple pour la somme – faramineuse à l'époque – de $1,7 milliards. A peine 27 mois plus tard, la marque légendaire revendait son acquisition en essuyant une perte de $1,4 milliards! La raison invoquée? Des cultures d'entreprises totalement incompatibles.
- Plus récemment – un vrai cas d'école – la fusion calamiteuse de Daimler-Chrysler illustre un cuisant échec culturel. Les américains ont opposé une farouche résistance au style germanique. A tel point qu'en 2 ans, le géant automobile transatlantique voyait ses résultats s'effondrer de près de 80% pour finalement accuser un déficit de €67 milliards, poussant finalement Daimler-Benz à céder Chrysler à FIAT en 2007.

Tirant leçon de ces (nombreuses) mésaventures, les grands groupes industriels intègrent désormais la dimension culturelle lors de leur 'shopping'. C'est ainsi que le groupe Renault-Nissan, scellé à la même époque que Daimler-Chrysler, a pris soin de conserver deux entités culturelles propres. En dégageant les synergies possibles, par une prise de participations croisées et grâce à une optimisation des marchés et des savoir-faire, le groupe franco-japonais assurait en 2010 sa 4ème place mondiale avec une croissance des ventes de 50% en 11 ans.

Si la prise en compte de la culture d'entreprise s'avère vitale lors de fusions, elle ne l'est pas moins au niveau du leadership. Le charisme du *leader* prédomine l'instauration d'une culture, à tel point que l'un et l'autre deviennent indissociables. Si cela semble couler de source pour les grandes sociétés familiales (Beckaert, Boël, Decaux, Hermès, L'Oréal, Solvay...), la même logique s'applique aussi aux sociétés commerciales marquées par leur CEO ou fondateur.

....

26 Consultez davantage de bons et mauvais exemples sur www.rasmussen.edu/degrees/business/blog/best-and-worst-corporate-mergers

Petit jeu: associez les personnalités aux entreprises suivantes:[27]

1. Marc Zuckerberg	a.
2. Jack Welsh	b.
3. Bill Gates	c.
4. Steve jobs	d.
5. Richard Branson	e.
6. Eric Schmidt	f.
7. Carlos Ghosn	g.

Lorsqu'un CEO vient à quitter une organisation qu'il a fortement marquée de son empreinte et dont la culture d'entreprise constitue un élément critique, sa succession devient un pari pour l'avenir de l'organisation. Tous les décideurs recherchent alors une personnalité susceptible de perpétuer cette âme tant elle anime intensément la vie de l'organisation. En toute logique, c'est en interne qu'on trouvera le plus souvent ce talent d'exception. Comment ne pas penser à Steve Jobs et Tim Cook, son successeur naturel?

Pour reprendre les exemples cités, Jeffrey Immelt a remplacé Jack Welsh en 2001 après avoir exercé des fonctions managériales au sein de General Electric depuis... 1982! Quant au remplacement d'Eric Schmidt à la tête de Google, c'est Larry Page, l'un des 2 co-fondateurs, qui a repris le flambeau. En 2012, malgré les succès commerciaux d'Apple depuis la mort du 'maître', la presse mondiale s'interroge encore sur les capacités de Tim Cook à pérenniser la relève de Steve Jobs quand bien même le premier a été adoubé par le second en personne après plus d'une décennie de collaboration fructueuse.

Reprendre la succession d'un leader charismatique n'est pas donné au premier patron venu. Cette décision s'avère d'autant plus sensible que l'organisation est large. Ainsi, le 2ème conglomérat industriel indien

....

27 Réponses (en avez-vous vraiment besoin? ☺): 1c, 2a, 3d, 4b, 5f, 6e, 7g

(environ 80 milliards de chiffre d'affaires en 2012) a pris plus de 3 longues années pour désigner le successeur du mythique dirigeant Rata Tata parti en retraite fin 2012.

Quelle conduite adopter lorsqu'on hérite de la fonction de son prédécesseur, surtout s'il était charismatique? Toujours la même, quelle que soit la position à laquelle on accède:

1. *Faire preuve de compétences*. Première condition sine qua non: soyez au moins aussi opérationnel que votre prédécesseur; c'est tout de même d'abord pour cela que vous le remplacez.
2. *Faire preuve d'humilité*. Jeter le bébé avec l'eau du bain, critiquer à tout va, exposer les cadavres découverts dans les placards sous prétexte qu'un nouveau balais balaye mieux... Cette stratégie de prise de pouvoir s'avère contre-productive, voire néfaste surtout si la culture d'entreprise est forte.
3. *Faire preuve de patience et de courage*. Pour imprimer votre marque, faites vivre la culture de votre entreprise; nourrissez-la et travaillez à son épanouissement au bénéfice du tout mais également de tous.
4. *Rester soi-même*. Condition essentielle à la réussite de tout projet. Aussi, cernez bien la culture d'entreprise à l'œuvre avant de relever ce nouveau défi. Car accepter une fonction dans une organisation avec laquelle vous n'êtes pas en phase vous fait courir le risque élevé d'un échec rapide. Croyez-le, il est extrêmement difficile et dévoreur d'énergie de s'approprier des valeurs qui nous sont étrangères, voire impossible si ces valeurs s'opposent aux vôtres. Les conflits, le découragement et le désengagement vont rapidement empoisonner la relation de travail, puis immanquablement en venir à bout, de façon généralement brutale.

Comment insuffler la culture d'entreprise?

Chaque nouvelle étape de carrière offre l'opportunité de s'approprier et transmettre la culture d'entreprise.

1. Le recrutement

Ça passe ou ça casse. Clairement, il n'est pas d'étape plus critique que celle du recrutement, moment où la culture d'entreprise doit être expliquée, comprise et partagée. Quelles que soient les qualités et compétences des futurs recrutés, méjuger l'adéquation entre les valeurs de l'organisation et des futurs collaborateurs, c'est tout simplement foncer droit dans le mur. Aussi le recruteur doit-il s'attacher à l'expliquer correctement et s'assurer que ses interlocuteurs en ont bien saisi les tenants et aboutissants, à savoir:

- Les valeurs que sous-tend la culture de cette entreprise et surtout leur traduction en philosophie de vie et comportement;
- Les attentes de l'organisation vis-à-vis des futurs collaborateurs en vue d'une intégration réussie;
- Les composantes de la personnalité de l'équipe et de son leader; l'adéquation entre ces deux composantes et la personnalité du candidat.

On saisit vite pourquoi il convient de ne pas limiter aux seuls managers & DRH les entretiens avec les candidats; et pourquoi il se révèle toujours particulièrement fructueux d'organiser une rencontre entre les collègues actuels et ceux en devenir.

2. La formation

On l'a dit, la culture d'entreprise se transmet.

- Chez Disney par exemple, il existe une codification extrêmement claire et précise des exigences requises du collaborateur. Chaque nouveau venu passe par un programme de formation et reçoit un guide clair et détaillé de tous les interdits, de toutes les obligations et de tout ce qui est *très* fortement encouragé. C'est blanc ou c'est noir, jamais gris. Chaque initiative reçoit le sceau Disney... ou meurt.
- Au milieu des années 1990, les magasins GB (Groupe GIB[28]) ont construit une culture d'entreprise forte. Ils engageaient de jeunes universitaires et les formaient de 12 à 18 mois avant de leur confier la gestion d'un grand magasin. Cette période de stage de 12 mois environ permettait aux jeunes diplômés de comprendre et de s'exercer tour à tour à tous les métiers de grande surface (caisses, réception, réassort, rayonnage, vente à la coupe, etc.) et à la gestion d'équipe.
  Rien de déshonorant dans tout cela, même si l'on sortait avec distinction d'une grande école de commerce. Après tout, le Président du Comité de Direction du Groupe GIB en personne endossait

....

28 GIB: **G**rand Bazar, **I**nnovation, **B**on Marché était le principal conglomérat belge du secteur de la grande distribution avant d'être racheté par le géant français Carrefour en juillet 2000.

chaque été un T-shirt et un job d'étudiant et partait remplir les rayons. Gérer par l'exemple, voilà un excellent «percolateur» de culture institutionnelle.

A chaque promotion de stagiaire, GB formait une nouvelle génération de leaders. Chaque mois, les stagiaires recevaient deux jours de formation managériale leur inculquant le B.A.-BA de la fonction de leader à la mode GB. Un ou deux autres jours étaient consacrés à l'apprentissage des chaînes de métier (visite d'abattoirs, de criées aux poissons, de marchés aux fruits et légumes) ou des procédures de GB en prévision budgétaire, relations sociales, législation et règlement du travail, etc. La pression était constante mais avec un fort esprit de clan. Les stagiaires regroupés en promotion s'épaulaient les uns les autres selon les défis et les enjeux. La culture d'élitisme affichée (*si vous êtes parmi nous c'est que vous êtes les meilleurs*) et de service au client omniprésente (le *leitmotiv «satisfait ou remboursé»*) renforçait la cohésion. Les évaluations revenaient toutes les 3 à 6 semaines et hors de question d'imaginer échouer.

L'esprit de corps développé ici se calque sur le principe des 'promotions' universitaires. Les promus de l'époque cultivent leur réseau et maintiennent une solide amitié, même 15 ans plus tard; et même si les carrières se dispersent plus ou moins rapidement en dehors de l'enseigne. D'aucuns déploreront la rigueur militaire de la méthode GB ou Disney. Il s'agit en tous cas d'exemples qui, dans le secteur impitoyable des loisirs ou de la grande distribution, ont porté leurs fruits. Pour beaucoup de promus, le mot d'ordre de Disney «*where dreams come true*» s'est réalisé. Et en une poignée de semaines, les élus GIB avaient intégré pour toujours le «GB*'s Way of Life*».

En cela, rien de bien différent des «grandes écoles» du monde professionnel: les sociétés de consultance et d'audit (les fameux *Big 4*[29]), les cabinets d'avocats, les banques, les sociétés de télécom... Chacun de ces acteurs possède sa culture propre qu'il décline en plans de formation extrêmement stricts et parfaitement rodés. S'y soustraire revient à s'exclure du système. Quitter sa 'boîte' au profit d'un concurrent relève de la haute trahison dont les retombées dépasseront très certainement les frontières de l'organisation et altèreront profondément les relations entre ex-collègues.

....

29 Les *Big Four*, lit. les 'quatre gros', représentent les quatre plus grands groupes d'audit financier au niveau mondial: Deloitte Touche Tohmatsu (DTT); Ernst & Young (E&Y); KPMG & Pricewaterhouse-Coopers (PwC).

3. La façon d'organiser la vie de l'entreprise

Si l'on veut que la culture d'entreprise prenne, il faut aligner les actes aux paroles à tous les étages de la hiérarchie. Du bon sens basique peut-être, mais là encore, ça va mieux en le disant.

Belgacom, opérateur télécom belge historique existe sous le nom de Régie des Télégraphes et Téléphones (RTT) depuis 60 ans. En 1991, la Régie abandonne le monopole public pour prendre la forme d'une entreprise publique autonome, puis en décembre 1994 celle d'une société anonyme de droit public comptant environ 23.000 salariés. Le premier gros programme de changement, TURBO (*Transforming, Upgrading, Responsabilising,* Belgacom*'s Organization*[30]) est lancé en janvier 1996 à l'initiative de son CEO, John Goossens, après l'introduction au capital de Belgacom de trois acteurs majeurs internationaux: Ameritech, Singapore Telecom et Teledanemark. En 18 mois, 6.300 personnes vont quitter la société dans le cadre d'un plan de prépension et 6.800 autres vont changer de fonction et acquérir de nouvelles compétences via PTS (*People, Teams, Skills*[31]), un projet exceptionnel de réorientation professionnelle.

A la tête de Belgacom, John Goossens mise de façon massive sur le développement du leadership en interne. Si la mutation réussit, ce sera par la construction d'un management fort et engagé. L'équipe de direction révolutionne ainsi l'opérateur historique et prépare la vieille dame à une introduction en bourse. D'une culture traditionnelle basée sur la hiérarchie et le contrôle, la rigidité des procédures et le suivi des règles établies, Belgacom redessine sa structure sur une totale orientation client, redéfinit les rôles et compétences nécessaires pour servir au mieux ses différents segments de clients; et renvoie en formation plus de 50% de son personnel.

D'ambitieux programmes de formation sont alors proposés à chaque niveau hiérarchique pour complètement réinventer le leadership: FLDP[32] (*Frontline Leadership Development Program*) pour les managers de ligne, PEP[33] (*Personal Efficiency Program*) pour les jeunes leaders et les hauts potentiels, STAR (développement stratégique) pour les directeurs, E=MC^2 pour le *Top Management*. En marge du projet

....

30 L'Organisation de Belgacom: Transformer, Mettre à niveau, Responsabiliser.
31 Gens, Equipes, Talents.
32 Programme de développement de leadership de terrain.
33 Programme d'efficacité personnelle.

PTS, plus de 40.000 jours/homme par an sont investis en formations comportementales.

Quel message emblématique John Goossens, leader charismatique s'il en est, a voulu transmettre? Que le «*changement est possible*», pas plus, mais pas moins non plus. C'était possible, il était là pour l'accompagner et il l'a fait. Point. Cette *Can Do attitude*[34] constituait sa valeur-phare. Pour preuve, entre septembre et décembre 1995, il a ouvert toutes les fonctions de direction, chacun des directeurs pouvant postuler pour trois fonctions. Le CEO a choisi ses directeurs généraux et les directeurs généraux les membres de leur comité de direction.

Cet acte extrêmement fort et courageux a révolutionné la structure de direction. 5 Directeurs Généraux avaient moins de 40 ans; et 14 sur les 25 présents avaient moins de 50 ans! Par rapport à l'antique RTT dans laquelle on se posait, grandissait et mourait, quelle révolution! Entre 1998 et 2002, les valeurs de l'organisation étaient reprises sous l'acronyme ACTT: *Accountability, Can do attitute, Team, Trust* (*but verify*).[35] John Goossens appartenait à ces races de patrons qui accordent leur confiance *a priori*. Toutefois, gare à celui qui trompait cette confiance.

Voilà comment envoyer un signal fort: en prenant ses responsabilités, en prenant des décisions (donc en effectuant des choix), en prenant des risques (donc en s'y exposant), bref en montrant l'exemple. Une belle illustration de l'équation: «Liberté + Responsabilité = Performance + Bonheur».

Comment perpétuer la culture d'entreprise?

Illustrons cette réalité avec deux autres cas totalement divergents, IBA et... (roulement de tambours) le SPF Sécurité Sociale (gagné! ☺).

Ion Beam Applications (IBA)

Ion Beam Applications, une *spin off* cotée en bourse de l'Université Catholique de Louvain-La-Neuve en Belgique, est spécialisée dans le

....

34 Dont l'avatar «yes we can» a connu la gloire sous d'autres cieux.
35 Responsabilité, attitude volontariste, équipe et faire confiance (mais vérifier tout de même).

diagnostic et le traitement du cancer en utilisant la technologie liée aux accélérateurs de particules. En 2004, IBA sort d'une refonte complète de sa structure, après avoir vendu le pan le plus rentable de ses activités (la stérilisation) afin de mieux se concentrer sur son métier: «*to protect, enhance and save lives*».[36] Les valeurs de la société «*Dare, Care, Share, Be fair*»[37] et sa mission sont redéfinies la même année par le Comité de Direction et un consultant.

En 2005, la société compte 770 collaborateurs situés principalement en Belgique, aux USA, en Suède, en Allemagne. Elle possède un petit site de production en France et compte 2 startups, une en Chine et une en Inde. A la culture d'entreprise très fortement axée sur le contrôle et la méritocratie s'ajoute une connotation paternelle «*nous faisons partie de la grande famille IBA*».

La maison-mère de Louvain-La-Neuve donne le ton sous l'impulsion d'un CEO extrêmement investi dans toutes les décisions opérationnelles. La société, orientée R&D, production et vente, jouit d'une excellente réputation auprès de ses clients. Ses produits et services rivalisent avec des géants de l'industrie comme GE, Hitachi et Siemens. En outre, le prix de Managers de l'Année récompense le fondateur et le CEO en 1997.

Revenons à 2005 où la société suit un rythme d'expansion soutenu. En 3 petites années, son staff triple de taille, à la fois par croissance organique (recrutement de candidats externes régulièrement recommandés par des collaborateurs internes) et par des acquisitions au niveau européen (achat de Schering AG, réseau de production et de distribution radio-pharmaceutique) et américain. Forte de plus de 2.200 collaborateurs, IBA atteint une taille critique pour une société belge.

En tant que responsable du Patrimoine Humain, comment cultiver et transmettre la culture d'entreprise dans ce contexte international et ces conditions d'expansion effrénées? Toute la difficulté de l'exercice réside dans le point d'équilibre entre:

- La position corporate centralisatrice *versus* les centres décentralisés d'activités opérationnelles;

....

36 Protéger, améliorer et sauver des vies.
37 Ose, partage, prends soin et sois juste.

- la culture belge de la maison-mère et les cultures locales (en 2009, 51 points de présences sur 13 pays);
- la culture du CEO *versus* la culture des différents patrons de *business units* (localisés pour la plupart à l'étranger).

Inutile de dire que dans de telles conditions de croissance, on a le sentiment de tenir les commandes d'un Cessna 208 se métamorphosant en plein vol en Airbus A380 tout en garantissant à ses passagers non seulement d'arriver à bon port mais aussi de jouir d'un vol agréable sans qu'aucune mutation perceptible ne vienne troubler leur quiétude. Quel défi!

Entre 2005 et 2009, la diffusion de la culture d'entreprise s'est articulée autour de 4 projets principaux:

1. La construction et la communication d'une nouvelle image corporate interne et externe forte, soutenue par un réaménagement de l'environnement de travail. Chaque valeur de cette nouvelle image fondée sur l'humain est personnifiée par un visage et une histoire, rompant ainsi avec le positionnement précédent, correct mais froid, axé sur la technologie et l'industrialisation des métiers.
2. L'harmonisation des procédures liées aux évolutions de carrière: positionnement et alignement cohérents des rémunérations sur les marchés locaux; application de principes universels en matière d'augmentations, de bonus, de politique de stock-options relayant la politique de méritocratie sur base d'une procédure d'évaluation standard; la classification homogène des fonctions à travers tout le groupe; et la mobilité des talents, tant au niveau régional qu'au niveau des business.
3. L'intégration d'un volet RH dans les *due diligences*, ces analyses précédents les acquisitions et la formulation de recommandations concrètes liées à l'intégration culturelle faisant suites aux acquisitions afin d'en assurer la réussite.
4. La diminution progressive de l'impact culturel lié à la multi-nationalité, corrigé par la mixité des business sur les différents territoires et la mobilité des talents. La nomination de nombreux managers belges à la tête des différents départements stratégiques de par le monde a nourri un lien plus fort avec le CEO et les différents CxO, tous belges sans exception. La culture néo-louvaniste était ainsi contrôlée, renforcée et disséminée.

Une telle culture hiérarchique, basée sur le contrôle et le respect de l'ordre établi, sur la récompense de la performance et la sanction quasi immédiate de la médiocrité, la maîtrise totale et stricte de l'innovation et de la gestion des risques, indique clairement qu'il n'existe aucune place pour côtoyer un autre type de culture.

Reconnaissons toutefois la cohérence de ce choix avec la nature même de l'entreprise et de ses produits délivrés. Lorsqu'on bombarde un patient de protons pour détruire sa tumeur au cerveau ou qu'on lui injecte un radio-pharmaceutique pour détecter via *PetScan* des cellules cancéreuses, on a plutôt intérêt à lui garantir une qualité absolument irréprochable et un risque zéro.

Le message d'IBA est clair, tant lors du recrutement que lors des évaluations: «*soit notre culture devient ta culture, soit tu s'en vas, de gré ou de force.*» Le taux de rotation, notamment chez les jeunes engagés et les managers de la 3ème ou 4ème génération, est resté malgré tout élevé. Mais en définitive, IBA poursuivit sa croissance, prônant ses valeurs et construisant des liens loyaux et quasi-fusionnels avec ses collaborateurs engagés et entièrement dédiés à sa cause.

Le SPF Sécurité Sociale

Comme je l'ai détaillé au chapitre deux, le SPF Sécurité Sociale s'est lancée en 2009 dans un vaste projet de réorganisation. Profitant de son déménagement vers la Tour des Finances, Frank van Massenhove et son équipe ont introduit au sein d'un service public fédéral (ou ministère) le nWOW, un environnement de travail dynamique.

La même règle s'applique alors à tout le SPF, quel que soit le niveau hiérarchique: pas de bureau attribué, pas d'enregistrement obligatoire du temps de travail, possibilité de télétravail jusqu'à trois jours/semaine. Ici la focalisation se porte sur l'atteinte des résultats et non sur la façon de travailler pour y parvenir. Le défi consistait à porter et/ou maintenir dans le vert l'ensemble des KPI de l'organisation. En 3 ans, le SPF Sécurité Sociale navigue effectivement dans le vert, tant sur ses indicateurs de performances financière et opérationnelle qu'en développement durable et qu'en bonheur au travail. Quelle est la recette miracle?

Un 'r' de révolution?

Pas plus de recette miracle que de formule magique ou de martingale, malheureusement. Chaque entité doit développer sa propre approche et y consacrer le temps nécessaire; et de l'énergie; et un investissement financier, et surtout, surtout, le soutien inconditionnel du top management qui gère par l'exemple. Et plus que tout, changer de culture se pratique au quotidien, 24/7. Car il s'agit pour une large part d'une révolution sans 'r'. Et si révolution il y a, le top management devra d'autant plus l'accompagner que les collaborateurs ne toléreront aucun faux pas. Chaque exception équivaudra à une prise de risque.

En analysant la façon dont, basé sur des fondations extrêmement stables et solides, le SPF renouvelle sa culture dans la continuité, on prend rapidement conscience que l'information, la formation, la communication et l'instauration de relais de changement s'avèrent particulièrement cruciaux durant les périodes de mutations profondes.

Attention, une fois passé le grand chamboulement, d'aucuns pourraient commencer à relâcher la pression et rationnaliser: «*finalement tout est bien qui finit bien; on va enfin pouvoir s'occuper d'autre chose.*» Ce n'est (malheureusement) pas vrai. Evolution n'est pas révolution. La réalité quotidienne de la culture d'entreprise réclame une attention continue.

Les exercices de définition de valeurs 'en chambre' auxquels se prêtent la plupart des comités de direction à l'occasion d'un séminaire résidentiel sont généralement vains. Ces valeurs dégagées ne 'vivent' pas dans l'entreprise. Personne n'affiche ces valeurs, si ce n'est les murs des couloirs supportant des posters que personne ne lit. Au mieux, elles apparaissent comme critères repris dans les évaluations.

Au sein du SPF, les valeurs de l'organisation ont été définies par les collaborateurs eux-mêmes. En 2008, chacun a pu communiquer ses cinq valeurs essentielles révélatrices de la culture d'entreprise. Une fois comptabilisées toutes les remontées, les cinq valeurs les plus fréquemment citées se sont inscrites dans l'ADN de l'organisation. Comment?

Afin que «Solidarité, Confiance, Respect, Développement Personnel et Orientation Résultat» ne se limitent pas qu'à des mots, ces valeurs ont été traduites en comportement concrets par les collaborateurs eux-mêmes, réunis en atelier. 500 comportements ont ainsi été illustrés et déclinés sous l'angle de vue des collaborateurs, de l'équipe et du management. Ces valeurs sont également reprises dans les objectifs fixés par les équipes (souvenez-vous: Qualité – Quantité – Comportement). Enfin, de petits événements jalonnent l'année pour éclairer de façon plus ou moins ludique l'expression au quotidien de ces valeurs communes.

Au-delà de ces valeurs, véritable ciment organisationnel, cinq piliers soutiennent la culture du SPF. Non, pas cinq ordres ou commandements. Plutôt cinq *do's & don'ts*[38], détournés en *dondoo's* formulant autant de suggestions pour réinventer les relations entre collaborateurs. Chacune de ces invitations se décline en une infinité de comportements.

Les cinq «*dondoo's*»	
Don't (just) think: think green!	Ne te contente pas de penser: éco-pense!
Don't complain: Innovate!	Ne te plains pas: innove!
Don't work: have fun!	Ne travaille pas: fais-toi plaisir!
Don't motivate: trust!	Ne motive pas: accorde ta confiance!
Don't manage: love!	Ne gère pas: aime!

Don't (just) think: think green!

Nous en avons témoigné, le développement durable et la responsabilité sociétale deviennent une préoccupation majeure des organisations. Cette prise de conscience réclame l'attention de tous et doit se diffuser dans toute l'organisation.

38 A faire & à rejeter

En pratique, «*Ne pense pas: éco-pense!*» consiste à:

- Aborder le développement durable comme une politique à entreprendre pour ses bienfaits sur l'organisation, sur les hommes et les femmes qui la composent et par extension, sur une communauté beaucoup plus large;
- Lancer des projets de responsabilité sociétale et entreprendre des actions concrètes;
- Créer des partenariats avec des fournisseurs locaux (le plus proche possible du kilomètre 0);
- Organiser des teambuildings au bénéfice de la Communauté;
- Organiser des bourses aux vêtements, aux jouets, etc.;
- Régler par défaut les imprimantes sur recto-verso, noir & blanc;
- N'imprimer que le strict nécessaire;
- Installer des détecteurs de mouvements déclenchant automatiquement la lumière aux toilettes, en salles de réunion, et tout autre local utilisé ponctuellement;
- Instaurer le recyclage en centralisant (fini la poubelle individuelle) et en triant les déchets;
- Commander des boissons issues du commerce équitable pour ses salles de réunion;
- Redistribuer les sandwiches de trop à une ASBL s'occupant de sans-abris;
- Encourager les modes de déplacement multimodal;
- Développer une politique de voitures de société hybrides;
- Adaptez sa politique d'achat à celle du développement durable;
- Payer ses factures à temps;
- Ne pas exploiter ses résultats à des fins purement marketing.

Don't complain: innovate!

«*Ça va, merci!*» L'écho poli que nous renvoyons en pilotage automatique au «*comment ça va?*» du matin ne dupe personne. Si l'on s'enquérait sincèrement du bien-être de nos interlocuteurs, il y a fort à parier que ceux-ci déverseraient alors sur nous le détail de leurs tribulations. Et qui veut cela? Se plaindre procède de la nature humaine. D'ailleurs, détail connu des sociologues, les toutes premières enquêtes de satisfaction s'avèrent en général plus négatives que les suivantes, surtout si la culture de l'entreprise n'est pas portée sur le feedback des collaborateurs. Maintenant, la tendance naturelle à se plaindre ne doit pas pour autant se vivre comme une fatalité.

En pratique, «*ne te plains pas: innove!*» consiste à:

- Eliminer et éviter toute source inutile de bureaucratie;
- Positiver: chaque crise engendre des opportunités;
- Faciliter et simplifier le processus de décision;
- Construire des ponts entre les équipes, les organisations et les secteurs d'activités;
- Réduire le nombre et le temps de réunions. Conclure toute réunion avec un plan d'actions clair et des responsables pour chacune d'entre elles.
- Ne jamais porter un sujet sur plus de 3 agendas de réunion (même avec les syndicats). En trois réunions maximum, le problème doit être résolu;
- Déléguer quand ça va bien;
- Déléguer aussi quand ça va mal, c'est-à-dire déléguer la résolution de problèmes;
- Accorder le droit à l'erreur;
- Analyser les processus de résolution de problème en se concentrant sur ce qui a fonctionné.

Don't work: have fun!

La vie est trop courte pour s'ennuyer, même au travail. Mais peut-on vraiment travailler sérieusement sans se prendre trop au sérieux ou sans que notre atmosphère de travail ne parte à vau-l'eau? Vous vous souvenez du film «*Le nom de la rose*»[39]? De même, certains managers pensent que la reconnaissance de leur autorité passe par le sourire rentré et le port obligatoire du masque d'austérité. Combien de managers pensent que le lieu de travail est un no man's land de la 'blagounette' sauf lorsqu'il s'agit d'obséquieusement faire écho à 'l'humour' de son n+1 («*chef, c'que vous êtes drôle, chef*»)? Franchement, quelle tristesse pour ces managers et du coup, leur équipe. A ceux-là, je propose de réfléchir à l'étymologie des mots humour > humain > humanité.

39 Film de Jean-Jacques Annaud (1986) d'après Umberto Eco, sur l'apostasie du rire face au divin.

En pratique, «*ne travaille pas: fais-toi plaisir!*» consiste à:

- Sourire et saluer chaleureusement ses collègues et ses collaborateurs;
- Organiser des moments informels spontanés en équipe (béni soit le glacier en été et le vendeur de gaufres en hiver);
- Organiser des événements en interne. Dégagez du temps pour cela, vos collaborateurs sont si créatifs… Vous verrez, ça vaut bien des teambuildings onéreux;
- Rendre attractives les tâches les plus ennuyeuses en les gérant de façon solidaire;
- Promouvoir le travail d'équipe;
- Partager les meilleures blagues. Même un manager (oui, un manager) est capable de ressentir des émotions et de s'autoriser à les exprimer;
- Partager et célébrer les succès.

Don't motivate: trust!

Les organisations investissent des milliers d'euros dans des centaines d'heures de programmes de formation en motivation. C'en est presque devenu un slogan RH vis-à-vis des leaders: «*motivez vos troupes! Gérez la démotivation!*» Oui, mais comment? Il n'existe qu'une seule personne capable de nous motiver: nous-mêmes. Ce n'est ni le rôle du boss ni celui de l'entreprise. Par contre, la responsabilité de la hiérarchie et de l'organisation se matérialise dans la construction d'un environnement propice à l'épanouissement, la motivation et la culture de l'engagement personnel.

La confiance constitue la base de toute relation, qu'elle soit privée ou professionnelle. Accorder sa confiance a priori est une grande marque de courage généralement récompensée à la hauteur de l'effort fourni. Si ce postulat se révèle (plus) facile à appliquer dans la sphère privée, reconnaissons qu'il est nettement plus compliqué de l'imposer dans la sphère professionnelle. Et pourtant…

En pratique, «*ne motive pas: accorde ta confiance!*» consiste à:

- Faire confiance aux personnes tout comme elles peuvent nous faire confiance;
- Etablir un esprit d'équipe et une atmosphère dans lesquels on se sent bien. Chacun doit être reconnu pour ce qu'il est et ce qu'il apporte à l'organisation;
- Informer dans la transparence. Apporter régulièrement du feedback, positif et constructif, de façon formelle et informelle;
- Ecouter; écouter vraiment (de manière proactive);
- Bannir et pénaliser les jeux politiques;
- Imposer une tolérance zéro au chantage et au harcèlement;
- Toujours dire la vérité, même si elle est difficile à dire et dure à entendre.

Don't manage: love!

Un manager qui ne jure que par les chiffes n'est juste pas un manager. S'en tenir à une pure gestion de l'activité de son équipe par les chiffres, c'est passer à côté de la richesse humaine à développer entre collaborateurs. Bizarre! Lorsqu'on augmente son intérêt pour le facteur humain, les chiffres augmentent aussi. Si l'on songe que nous passons pratiquement autant de temps diurne avec nos collègues qu'avec nos proches, ne jurer que par les chiffres rend la pratique encore plus désolante.

J'ai l'habitude d'illustrer ces propos avec une photo de Michael Schumacher et Jean Todd au grand prix de Spa-Francorchamps 2006, se serrant l'un l'autre dans les bras avec manifestement beaucoup d'affection. Le champion s'apprête à quitter la compétition après avoir explosé tous les records en F1. De 2000 à 2004, il remporte le championnat des pilotes et Ferrari celui des constructeurs. Clairement, l'organisation y gagne tout autant que l'homme. Grâce à quoi? Au développement d'une approche équilibrée entre les chiffres et les individus. Et ce double succès n'implique pas seulement deux personnes, loin de là; bien plutôt une équipe soudée de centaines d'individus œuvrant derrière les feux des projecteurs. Si nous parvenons à reproduire le même type de relations avec nos propres équipes, nous aussi nous connaîtrons un succès incontestable.

En pratique, «*ne gère pas: aime!*» consiste à:

- Traiter chacun équitablement avec respect comme l'un de nos proches, ami ou parent;
- Prendre et tenir des engagements dans l'intérêt de tous, l'organisation et son équipe, et non pas dans son intérêt personnel;
- Partager l'information et les ressources;
- Agir en toute transparence, sans jeux politiques;
- Construire dans la proactivité sur ce qui fonctionne plutôt que de passivement se contenter de (toujours) pointer du doigt les dysfonctionnements;
- Gérer sur base de KPI qui démontrent une vraie valeur ajoutée à long terme, tant pour la performance (aspects économiques) que pour les collaborateurs (aspects sociaux) que pour la planète (aspects environnementaux);
- Gérer par l'exemple. Que le succès du groupe prévale sur celui de l'individu. Toujours assumer ses responsabilités en tant que leader.

Ces quelques exemples très concrets illustrent ma conviction: chacun de ces «dondoo's» alimente une infinité de petites actions qui façonnent la culture d'entreprise. Bien sûr, chaque entité peut créer à loisir ses propres *do's & don'ts* en se focalisant sur les attitudes qu'elle souhaite engendrer.

CHAPITRE 5

Le leader de demain sera inspiré et inspirant ou ne sera pas

«Celui qui excelle à employer les hommes se met au-dessous d'eux.»

Lao Tseu

Les nouveaux types de connexions d'une part entre personnes et d'autre part, entre les personnes et les choses, définissent une nouvelle génération de rapports. Le monde évolue d'un protectionnisme exacerbé par le slogan «*l'info, c'est le pouvoir*» vers des sources d'information ouvertes, libres d'accès où «*le partage de l'info, c'est le pouvoir*». Dans ce cas, partage signifie transparence, accessibilité. Le partage permet d'optimiser la prise de décision et, malgré le tri et la sélection à opérer, ces décisions sont de plus en plus rapides, pointues et à haute valeur ajoutée.

Dans un tel contexte, les collaborateurs attendent clairement de nouveaux comportements managériaux. A l'évidence, nous, développeurs de Patrimoine Humain, devons donc développer une nouvelle génération de leaders. Mais l'évidence du constat n'élude pas pour autant la complexité de la mise en œuvre.

Leaders & Managers: deux fonctions distinctes pour une finalité commune

Avant de me lancer plus avant dans une tentative de définition des comportements managériaux de demain, j'aimerais établir les spécificités qui, à mes yeux, distinguent le rôle du *leader* de celui du *manager*. Si tous deux convergent vers la réalisation des objectifs de l'entreprise, leurs rôles certes complémentaires diffèrent fortement.

1. Le *leader* va définir la vision à atteindre et la traduire en objectifs concrets. Il indique à son équipe le cap à suivre et maintenir tout en lui laissant un choix d'options et une certaine latitude de décision pour l'atteindre. Cette personne 'ressource' encadre, recadre, soutien, encourage. C'est le capitaine du navire, celui qui prend les décisions lors des coups de grain et qui met les mains dans le cambouis si la situation le requiert. C'est lui qui distribue les rôles et les responsabilités et qui assure la cohésion du groupe.
2. Le *manager* donne le tempo et mesure les écarts avec les objectifs fixés. Il planifie, alloue les ressources, mesure, corrige, standardise, jauge les résultats, optimise... et recommence. Métronome, perfectionniste, il assume et avance, sans relâche, sans faillir. Il s'assure que le travail est fait, bien fait et qu'il peut être encore mieux fait. Il a épousé la devise de Boileau «*Cent fois sur le métier remets ton ouvrage.*»

Une entreprise qui réussit a besoin de ces deux profils. Et même idéalement, d'un troisième, celui du 'leader inspiré et inspirant', charismatique ou *transformational leader* dans la littérature spécialisée.

Le leader inspiré, c'est Alexandre Le Grand, c'est le Maximus du film Gladiator. Courageux, il apprend de l'adversité. Il assure la cohésion, il enthousiasme. Il favorise les opportunités et inspire des initiatives, tirant son équipe toujours plus haut. Il encourage la remise en question et la confrontation aux difficultés. Il valorise la diversité et loue les comportements nobles et audacieux. Humble, une fois sa tâche remplie, il s'efface pour laisser ses gens reprendre le flambeau avec assez de vigueur pour affronter l'autonomie.

Ce leader-là refuse que le dictat des objectifs trimestriels lui impose des positions et décisions court-termistes, car il sait anticiper l'impact de décisions graves sur la pérennité de l'organisation et du contexte économique, social et environnemental dont elle dépend. Oui, ce leader-là est convaincu de la contribution de son équipe et de son organisation au mieux-être de la Société en général.

Alors, *manager* et/ou *leader*? Jusqu'où s'étend la compatibilité de leurs rôles? Et surtout, où les recruter? Une vraie gageure, les profils sont assez rares (et encore plus rares pour un leader inspiré). Notre monde économiquement myope exige des résultats à échéance réduite à quelques semaines. De surcroît, il subit la vindicte populaire exigeant des hommes et des entreprises toujours plus de responsabilité sociétale sans forcément vouloir en payer le prix. Dans ce contexte, il se révèle peu évident de trouver un capitaine capable et désireux de prendre la barre d'un navire dans cette mer agitée truffée d'écueils.

Aussi, cette qualité de leader inspiré et inspirant n'est pas l'apanage exclusif du Comité de Direction de l'entreprise (si déjà tous pouvaient l'être...). En fait, chaque responsable d'équipe ou de projet, à tout niveau hiérarchique, se doit de développer ces deux facettes de sa personnalité professionnelle. Vitale dans le top management, cette dualité n'en est pas moins essentielle dans le middle management, l'étage des relais et de la concrétisation. Et reconnaissons-le, c'est souvent là que le bât blesse.

L'heure n'est plus à l'attente mais à l'action.

La guerre des talents: ce sujet se lit de nouveau sur toutes les lèvres. Baladez-vous dans n'importe quel séminaire RH et tendez l'oreille. Vous n'entendrez que plainte et désespoir pour attirer et retenir les meilleurs talents. En comparaison, développer ces talents une fois engagés n'est qu'un jeu d'enfants. Quel effort à fournir dans les processus d'attraction et de rétention! Certes, les arguments financiers, d'environnement de travail flexible, de plan de formation permanente demeurent d'actualité. Pour autant, force est de constater qu'un facteur différentiant émerge de façon de plus en plus déterminante: il s'agit de la culture d'entreprise. Et qui fait naître cette culture d'entreprise? Les leaders, bien sûr.

Depuis plusieurs années maintenant, il est clairement établi que les jeunes générations demeurent loyales... à leurs collègues et leur boss. Et voici le message sous-jacent à entendre: «*vous voulez attirer et retenir des talents? Investissez d'abord dans la qualité de leur manager!*» Aujourd'hui, plus personne n'ignore que l'on rejoint une organisation pour sa réputation ou le contenu du job, mais qu'on la quitte à cause de son management. Il est grand temps que les entités en mal de talents internes se ressaisissent.

Tout a déjà été dit ou écrit par tant de pointures: Dave Ulrich, Peter Drucker, John C. Maxwell, Ken Blanchard, Danah Zohar pour n'en citer qu'une poignée. Imaginez (en fait, non, n'imaginez même pas): le jour de mon petit pointage, Amazon.com référençait environ 53.000 livres dont le mot 'coaching' figurait dans le titre; 104.000 livres avec 'leadership' dans le titre et presque 800.000 livres avec 'management' dans leur titre (!!!) Loin de moi la prétention d'imaginer apporter un nouvel élément dans le domaine.

Il existe cependant une source d'inspiration peu académique qui a pourtant toujours impressionné durablement mes réflexions. Cette source? J'ose le confesser: le 7ème art, à savoir le cinéma. Pour d'autres, ce sera le rugby. A chacun son plaisir. Gladiator, vous venez de le lire, constitue à mes yeux un exemple parfait de leadership inspiré ou *transformational leadership*. Le concept de leader transformationnel par opposition au leader transactionnel a notamment été décrit par Bernard M. Bass & Paul Steidlmeier.[40]

....

40 http://www.sciencedirect.com/science/article/pii/S1048984399000168

Selon ces auteurs, en leadership transformationnel, les leaders inspirés exercent leur influence au quotidien en élargissant les objectifs des membres de l'équipe tout en dépassant leurs attentes; un excellent moyen de gagner leur respect. Quatre éléments caractérisent cette approche du leadership transformationnel:

1. ***le charisme***: clarifie et communique la vision et la mission de l'équipe, instille la fierté, gagne la confiance en accordant la sienne;
2. ***l'inspiration***: communique des attentes élevées mais réalisables, utilise des symboles pour focaliser les efforts de l'équipe, exprime des aspects complexes de façon simple et didactique;
3. ***la stimulation*** intellectuelle: promeut l'intelligence et une approche positive de la résolution de problème (*appreciative inquiry*) en se basant sur ce qui fonctionne correctement;
4. ***la considération*** individuelle: accorde une attention personnelle, traite chaque collaborateur en tant que personne et soutient le développement des membres de l'équipe.

A contrario, le leadership transactionnel est un style par lequel le leader exerce son influence au quotidien dans une relation hiérarchique sans grande implication émotionnelle caractérisée par quatre facteurs:

1. ***la récompense négociée***: chaque effort est récompensé sur base d'une négociation préalable (gestion de la performance et des bonus);
2. ***la gestion active des exceptions***: elle consiste à suivre les dérives par rapport à la norme; prendre les actions correctives ou valider ces exceptions au jugé;
3. ***la gestion passive des exceptions***: elle consiste à suivre les collaborateurs qui s'écartent des standards et valider les exceptions qui s'imposent au coup par coup;
4. ***le laissez-faire***: abdiquer quant à ses responsabilités et décider de ne pas décider («*il est urgent d'attendre*»).

Mais concentrons-nous plutôt sur les leaders transformationnels et les attitudes promues:

- Les leaders inspirés et inspirants se sentent investis d'une *mission* pour laquelle ils ressentent une vraie passion (ou vocation, obsession… le terme importe peu). Ces leaders font corps avec les objectifs de l'organisation. C'est ce qui les distingue du simple leader. Maximus ne vit que pour éliminer l'usurpateur Commodus et restaurer la grandeur et la splendeur perdues de Rome. C'est sa raison de vivre et ces deux objectifs alimentent sa rage de vaincre.

- Les leaders inspirés et inspirants créent une *vision*. Ils possèdent et véhiculent une image très claire des buts à atteindre et des résultats concrets à espérer. Ils osent imaginer d'ambitieux objectifs apparemment inatteignables. Ils bâtissent un récit autour de leurs combats et transmettent leur enthousiasme de sorte que chacun s'approprie le défi du moment. Par exemple, notre Maximus aide ses compagnons d'arme à imaginer une victoire improbable et au-delà, à envisager la rupture de l'engrenage quotidien. Il les amène à façonner une vision d'une autre vie et ainsi, à rallier les efforts de chacun pour vaincre l'ennemi.
- Les leaders inspirés et inspirants sont *devant*, en première ligne. Ils gèrent du front, pas comme ces maréchaux complètement déconnectés de la réalité du terrain qui pilotent leurs armées avec une vision biaisée depuis un camp retranché. Eux montent à la charge dès que l'urgence le requiert, retroussent leurs manches sans se poser de questions. Ils appréhendent la réalité avec réalisme ralliant à eux et leurs troupes et leur respect. Alors général, Maximus se plaçait au cœur de la bataille au même titre et sous le coup des mêmes risques que ses soldats. A leur côté, il les encourageait en gérant par l'exemple.
- Les leaders inspirés et inspirants ont *confiance* en la capacité de leurs collaborateurs de mettre tous leurs talents en œuvre lorsque la situation l'exige. Ils connaissent les forces et les faiblesses de leur équipe. Ils célèbrent le succès collectif sans tirer la couverture à eux; humble dans la victoire, responsable dans la défaite. Inversement, comment aurait agi Maximus s'il doutait de l'engagement de ses troupes au cœur du combat? De même, comment (et surtout pourquoi) se battre si l'on doute de la capacité de son équipe ou de la loyauté de l'un de ses membres?
- Les leaders inspirés et inspirants gardent leur sang-froid durant les crises. Maîtres de leurs émotions, ils s'autorisent à les exprimer avec sincérité et mesure. Ils sont une boussole dans la tourmente et un phare dans les ténèbres. En tout temps et par tous les temps, ils savent indiquer le cap à tenir, le port à rejoindre. Ils demeurent constants, attentifs aux changements de paramètres et agiles dans l'adaptation stratégique. Ils font face au danger et développent des tactiques ponctuelles propres au contexte. Ils se montrent prêts à défendre ce en quoi ils croient. Le courage et la capacité de transformer chaque crise en opportunité sont deux précieuses compétences des leaders inspirés.

- Les leaders inspirés et inspirants encouragent la *prise de risque*. Il n'existe pas de plus grande menace pour une organisation que le statuquo. Dans l'empire romain, les gladiateurs étaient censés mourir avec honneur, refusant autant de se coucher devant l'adversaire que de renoncer au combat. Imaginer des stratégies sans cesse renouvelées s'avérait vital. Ne pas avancer équivalait à reculer, une question de vie ou de mort.
- Les leaders inspirés et inspirants restent *vigilants*, 24/7, à la limite obsédés par leur mission et sa finalité (quelquefois un inconvénient pour la vie privée, reconnaissons-le). Cet engagement englobe le développement de leurs collaborateurs, en période faste comme dans les creux. Et bien sûr, leur propre développement; ils savent se remettre en cause, car la recette d'aujourd'hui ne fonctionnera pas forcément demain. Ils s'aiguisent dans l'anticipation de la prochaine joute, tout comme les gladiateurs se préparaient en permanence pour la leur.
- Les leaders inspirés et inspirants sont des *mentors* avides de partager leurs connaissances et de transmettre leur savoir. Ils savent repérer et former la prochaine relève. Si un élève n'est pas plus grand que le maître, il peut au moins l'égaler. Maximus a transmis ses techniques de combat à ses pairs, les formant à acquérir les mêmes compétences que lui.

A l'instar de Maximus, exploitons les talents ou qualités de nos collaborateurs pour les muer en compétences afin qu'à leur tour, ils deviennent des leaders inspirés sachant faire des émules. Et pour y parvenir, traçons pour chacun un plan de développement individualisé.

Le leader inspiré et inspirant

Conscience de soi Prise de conscience Connaissance de soi; vocation Dévouement; humilité	**Courage** Spontanéité Autonomie Apprentissage dans l'adversité
Pensée globale (holistique) Vision holistique Recadrage Culture du pourquoi	**Inspiration** Porté par la vision et les valeurs Empathie / compassion Diversité célébrée

Altruisme et générosité au travail

Pour passer d'un contexte militaire à un autre plus optimiste et altruiste, je voudrais évoquer un film plus paisible que le *blockbuster* Gladiator. Pay-It-Forward («*Un monde merveilleux*» en version française) illustre à mes yeux une des plus belles leçons de prise de conscience de responsabilité sociétale que j'aie pu voir au cinéma.

Le scénario du film repose sur un concept qui semblera à nouveau romantico-naïf, bobo ou juste guimauve à certains. Un professeur demande à ses élèves âgés de 9 à 10 ans de trouver un 'truc' qui changerait le monde. Un des enfants imagine alors un système ingénieux. Plutôt que d'offrir un simple remerciement, le bénéficiaire d'une aide doit à son tour s'impliquer gratuitement dans trois actes généreux envers d'autres. Une chaîne d'entraide exponentielle s'enclenche dans un but noble et humaniste, sans égo, sans récompense, sans marchandage. Il s'agit juste de poser un acte gratuit pour favoriser un mieux-être. A titre personnel, on identifie une opportunité de créer un autre type de rapport entre individus. En langage business, il s'agit ni plus ni moins de responsabilité sociétale.

Ce film a éveillé des vocations humanitaires (par exemple la *Pay-it-forward Foundation*[41]), renforcé et essaimé le concept de responsabilité sociétale à échelle humaine et même engrangé des réflexions d'auteurs. Par exemple, Kouzes et Posner[42] ont modélisé ce concept en affirmant qu'un leader ne pouvait vraiment atteindre ses objectifs que s'il créait un intérêt commun et qu'il inscrivait cette vision dans l'action.

Kouzes et Posner[43] recommandent une approche en 5 étapes:

1. ***défier le processus***: remettre le statuquo en question, stimuler les prises de risques, rechercher les opportunités, construire sur ce qui fonctionne bien;
2. ***Inspirer une vision partagée***: imaginer le futur, développer des objectifs communs, s'assurer de l'engagement de chacun, engager la prise de responsabilité personnelle;
3. ***Permettre à chacun d'agir***: déléguer, encourager la collaboration, le partage d'information, le travail d'équipe, les associations;

....

41 http://www.pifexperience.org
42 http://www.slackbooks.com/excerpts/48739_2.pdf
43 http://www.amazon.com/The-Leadership-Challenge-4th-Edition/dp/0787984914

4. ***Montrer la voie***: se poser comme modèle, gérer par l'exemple, construire l'engagement vers l'action, concrétiser;
5. ***Encourager les émotions positives***: reconnaître les contributions individuelles, valoriser les victoires, célébrer et scénariser les succès.

Le Pay-It-Forward signifie sacrifier son intérêt personnel à court terme (la rétribution d'un service rendu, d'un bien offert) au bénéfice du développement durable du plus grand nombre. Transposer à l'univers du leadership, il s'agit d'une forme de rééducation en profondeur du management, facilité par la prise de conscience de plus en plus vive de (re)trouver du sens à un travail nous occupant 40 heures par semaine.

Avant d'imaginer les bienfaits du Pay-It-Forward sur la société, livrons-nous à un constat sociétal. Convenons ensemble que les points suivants résument assez bien la situation économique actuelle:

- La logique spéculative à court terme que nous subissons est fortement ancrée dans les réflexes managériaux actuels soutenus par une philosophie industrielle rationnelle et déterministe;
- La rétention d'information est source de pouvoir;
- Le dictat prépondérant de Wall Street impose une maximisation à outrance de la valeur financière de l'action, au détriment de toute consistance à long terme;
- Le leadership autocratique est nourri par une culture de base essentiellement construite sur le contrôle;
- La reconnaissance sociale est liée au statut hiérarchique, à la surface de son bureau, au titre arboré sur la carte de visite;
- Les valeurs d'entreprises se cantonnent à l'argent, la promotion, la performance individuelle, la rentabilité couplée à la réduction des coûts (donc la masse salariale);
- La logique capitalistique demeure totalement M.A.D. (*Merge, Acquisition and Divestiture*[44]);
- La majorité des organisations contrôle, voire interdit, l'émergence des media sociaux considérés comme une menace;
- Les ondes de choc des crises financières / économiques s'ensuivent à un rythme effréné sans que des solutions curatives de fond ne soient entreprises;
- Des mouvements citoyens émergent dans de nombreux pays dits économiquement avancés, afin de réclamer un autre mode de gestion et une vraie gouvernance.

44 Fusion Acquisition et Cession; l'acronyme anglais 'M.A.D.' formant aussi le mot «fou».

Depuis les années 2000, les scandales de tous ordres se succèdent et se répètent à l'envi: scandales financiers, humains, écologiques... qui choquent et érodent la confiance des citoyens de toutes sociétés civiles organisées. Parmalat, Enron, Shell, Nike, H&M, Société Générale, Lehman Brothers, ou plus près de nous Renault, Sabena, Fortis, Dexia, Arcelor Mittal... On nous parle d'abus de confiance et de main d'œuvre sous-qualifiée et défavorisée, d'enfants esclaves, de tricheries sur les comptes, faux et usages de faux, risques pris avec l'épargne des citoyens, licenciements abusifs, etc.

Tous ces mots dansent dans nos têtes telle une farandole mentale funeste qui éclabousse la réputation des organisations des secteurs public et privé, quelles que soient leur éthique ou leur (non) implication dans un quelconque scandale. Combien d'actions radicales de changement à mettre en place? Combien d'images à corriger aussi rapidement que possible pour rétablir, s'il est encore possible d'y songer, la confiance du peuple? Nous le savons désormais: le capitalisme est anthropophage. A en vouloir trop, trop vite, il court à sa propre perte.

Imaginons à présent le futur des organisations qui appliquent le concept du Pay-It-Forward:

- Le désir à long terme de progresser, d'améliorer et de créer un héritage empli de sens et de pragmatisme pour nos enfants;
- L'*open source*: le pouvoir s'exprime dans la révélation et le partage;
- La reconnaissance de ses faiblesses constitue une force car elle favorise collaboration et créativité;
- Un usage différent des ressources et des capitaux à notre disposition (financier, humain, environnemental);
- La gestion des pairs (*peer-to-peer management*, très maladroitement traduite par 'pression sociale' en français): organisations autorégulées, culture basée sur la confiance et les résultats, délégation, mise en exergue des forces de chacun et développement d'une véritable identité d'équipe performante;
- Banalisation du *Pay-it-forward leadership*: gestion par l'exemple, avec intégrité et de manière responsable;
- La reconnaissance sociale via le sentiment d'appartenance à une tribu qui partage les mêmes valeurs fondamentales, les mêmes intérêts;
- Des valeurs holistiques, respectueuses des 'petites voix intérieures', intuitives, partageant un but commun, la volonté de faire mieux pour un plus grand nombre;
- Intégration complète de la logique de réseau et d'organisation neuronale, les alliances sont positives et visent l'intérêt de tous.

Des entités telles que IKEA ou Carglass (avec leurs fameuses journées/soirées lors desquelles les employés viennent travailler gratuitement un dimanche/une soirée mais se partagent les bénéfices de la journée ou les reversent à une œuvre), Skype, Wikipedia ou Linux (partage des réseaux, des connaissances, du savoir-faire pour servir un plus grand nombre), Starbucks or Max Havelaar (respect des petits producteurs, respect de la nature, partage des richesses), ont parfaitement intégré tout ou partie de ces concepts dans leur mode de management au quotidien. Et je ne reviens pas sur les sociétés qui caracolent en tête du Top 100 des entreprises les plus attractives.

Le bon sens est-il près de chez vous?

Comment changer de culture? Comment favoriser l'implémentation d'un nouveau style de management? Comment changer la façon de faire du business? Si je possédais les réponses à toutes ces questions, sans doute serais-je une jeune rentière. Malheureusement, je n'ai pas de recette miracle à partager, ni à vendre. J'ai juste l'envie de partager ma vision et mon expérience.

Les choix sont clairs; le bon sens criant d'évidence... mais les décisions difficiles. Au fil des rencontres, des échanges, des lectures, j'ai énuméré quelques-uns des nouveaux comportements managériaux ou paradigmes de business constatés ici et là:

- La confiance forme le socle de la relation de leadership et de management. Et je parle ici de confiance a priori;
  En tant que *leader*, j'accorde ma confiance spontanément, sans préjugé, en tâchant de me montrer également digne de la confiance que l'on m'accorde. Par contre, si l'on abuse de ma confiance, la relation est clairement mise en péril, mais pas sans une explication de fond.
- La délégation, la vraie, s'avère cruciale. Elle nécessite de bien connaître ses employés, leurs forces et leurs faiblesses, et de vouloir sincèrement les placer en condition de succès plutôt qu'en situation de stress;
- La mesure de la performance devient la mesure du résultat atteint et non de l'écart par rapport à l'objectif fixé;
- L'accent se porte sur les forces plutôt que sur les faiblesses: chaque personne disposant du droit à l'erreur et de l'apprentissage qui en découle;
- La démocratie n'est pas qu'un mot. Elle existe réellement dans le périmètre fixé par le leader: la gestion participative a voix au chapitre,

l'avis de toutes les parties prenantes (stakeholders) est pris en considération. Le principe de co-création est valorisé.

- Les communautés virtuelles sont reconnues pour leur vraie valeur ajoutée;
- Cultiver des valeurs telles que sens de la responsabilité, agilité, amusement, partage, intégrité, authenticité, compassion, humilité, courage... Là encore, ces mots ne sont pas vains. Ils doivent être réellement vécus au quotidien par les employés, les leaders *et* les managers.
- Les collaborateurs, pas le management, définissent les valeurs auxquelles adhérer. Le rôle du management consiste à traduire ces valeurs avec les collaborateurs dans les comportements attendus pour atteindre les résultats convenus;
- L'accès à l'information est libre: les *open sources*, les plateformes collaboratives, les media sociaux sont activement utilisés et alimentés par des avis externes, désireux de faire avancer leur expertise et le monde dans le bon sens;
- Les leaders et managers se remettent en question et apprennent des comportements des héros modernes et de la mythologie (littérature, cinéma);
- L'entreprenariat et la créativité sont les deux mamelles du développement de l'organisation. Les exemples gagnants de Virgin, Zurich Financial Services, GE, Gore, Altran alimentent cette vérité;
- Oser mettre en œuvre des environnements de travail adéquats, à savoir logiques et écologiques, favorisant les relations interpersonnelles, même virtuelles;
- Rechercher sans relâche les partenariats à haute valeur ajoutée porteurs d'un esprit différenciant.

Ces pistes ne sont que quelques exemples de soutien au développement d'un nouveau mode de management ou de leadership. Chacun pourra compléter sa liste par des attitudes, valeurs et compétences qui correspondent à son univers et celui de son organisation.

Pour mettre en œuvre ce style de gestion des Hommes, le leader doit:

- Changer d'état d'esprit: passer du contrôle des tâches au contrôle du résultat. Il devra accorder sa confiance et rechercher un équilibre aussi juste soit-il entre tous les acteurs de son core-business: clients, employés, fournisseurs, actionnaires et autres business partners;
- Développer d'autres compétences: facilitation, mise en relation, valorisation de la diversité, stimulation, mentorship (mentorat, encadrement), sponsorship (parrainage);

- Soutenir d'autres valeurs: authenticité, intégrité, courage, compassion et transparence, recherche de l'intérêt d'autrui avant le sien, développement de solutions positives et durables;
- Agir en modèle de référence: se respecter soi-même: croyance, valeurs, objectifs de vie, partage d'information et coordination des ressources, ne pas infantiliser ses employés mais les traiter en adultes responsables;
- Construire sur les forces de ses collaborateurs et non en inspectant leurs failles, aider ses employés à trouver leur propre voie, accepter les erreurs comme source d'apprentissage, faire face aux difficultés tout en recherchant de nouvelles opportunités;
- Avoir le courage d'assumer ses erreurs et de remettre en question des projets déjà dans le pipeline mais plus du tout en phase avec la réalité;
- Communiquer à propos de sa vision, se poser en 'ressource' pour la réaliser et non en simple élément critique;
- Instiguer d'autres comportements managériaux: créer un climat de confiance et de respect, soutenir toute initiative servant l'intérêt général, laisser l'équipe décider de sa façon la plus adéquate de réaliser ses objectifs, récompenser les succès de groupe plutôt que la performance individuelle, bref faire de son département ou entreprise «*a great place to work in/for*»[45] ou comme le dit Danone, «*a great place to grow*»[46];
- Et… probablement le plus difficile: gérer son égo.

Dans le même ordre d'idées, si le leader se doit d'évoluer, *l'équipe* aussi. Ces changements de comportements managériaux la concernent également au premier rang. Morceaux choisis:

- Changer d'état d'esprit: s'engager vis-à-vis du résultat plutôt que de faire acte de présence, jouer le jeu si l'on a accepté les règles, se considérer et agir comme une vraie pièce d'un puzzle sans la contribution de laquelle la réalisation du tout ne saurait aboutir;
- Soutenir d'autres valeurs: l'intérêt du groupe avant le sien, authenticité, intégrité, implication, prise de responsabilité, fairplay, ouverture, disponibilité;
- Développer d'autres compétences: l'autonomie tout en jouant collectif pas 'perso', sérier les priorités avec discernement, accroître son assertivité: communication directe et franche dans le respect de ses droits et de ceux des autres, gérer son boss;

....

45 L'endroit idéal où et pour qui travailler
46 L'endroit idéal pour grandir

- Agir autrement: accepter la remise en question; développer la connaissance de soi: ses forces et faiblesses; se montrer flexible, engagé, honnête vis-à-vis de soi et des autres; proactif à bon escient; participer à l'intérêt commun; partager l'information, l'expérience et les ressources.

Leadership inspirant, oui; confondant: non!

A contrario, si les dérives d'un leadership autocratique et d'un management terroriste par la peur, la contrainte et la force, sont bien connues, les excès en matière de leadership inspiré peuvent s'avérer tout aussi désastreux pour l'organisation.

1. Confondre confiance et manque de courage

Beaucoup ne savent accorder leur confiance qu'à doses homéopathiques, et encore, à force de mortification ou d'auto-flagellation. Accorder sa confiance pose donc un acte de courage. C'est exposer sa propre vulnérabilité à l'autre, convaincu qu'il n'en abusera pas. C'est accepter que l'autre commette des erreurs et croire qu'il s'en ouvrira pour apprendre de son échec. Par conséquent, c'est aussi garder une ouverture sur le dialogue (pas le monologue) et une disponibilité de tous les instants.

En toute logique, accorder sa confiance nécessite aussi de posséder le courage de conseiller en retour. Et là, le terrain devient miné car si le leader n'ose pratiquement jamais donner de feedback, plus personne dans l'équipe ne saura finalement s'il détient la confiance de son responsable d'équipe ou s'il s'agit plutôt d'indifférence de la part de son chef, ou encore si la peur d'aborder les sujets qui fâchent guide le boss.

2. Confondre délégation et désintérêt

Déléguer constitue une notion essentielle du développement du Patrimoine Humain. Déléguer, c'est agir de sorte que chacun, à tout niveau de l'organisation, puisse se concentrer sur les tâches pour lesquelles il ou elle possède les moyens de délivrer un maximum de valeur ajoutée. C'est ajouter à petites doses une notion de complexité à un ensemble de tâches définies et maîtrisées afin que le collaborateur apprenne, progresse et se développe. En définitive, déléguer revient in concreto à traduire sa confiance en actes.

Déléguer, c'est au départ œuvrer depuis les coulisses, pour ensuite ne plus y assurer qu'une permanence, comme personne 'ressource'. C'est également s'assurer que tout se passe bien et proposer ponctuellement son aide. C'est aussi bousculer la manière d'obtenir les résultats espérés (sans imposer pour autant sa façon de voir, bien entendu).

Puisque déléguer procède de la confiance, cela ne signifie aucunement se désintéresser de la tâche confiée. Or, c'est l'impression donnée si vous fixez de commun accord un objectif à atteindre pour disparaître des radars aussi longtemps que le travail n'aboutit pas ou qu'aucune aide n'est réclamée. Idem si vous manquez de valoriser le résultat final, sous prétexte qu' «*ils ont fait ce qu'on leur avait demandé, rien que de très normal*» ou bien que l'on est persuadé que «*tout sera parfait, j'ai confiance.*»

Agir ainsi non seulement détruit la confiance accordée, mais en plus, renforce un sentiment d'inutilité: «*je ne vaux rien puisque mon travail n'est pas digne d'intérêt.*» Comme une brûlure qui ronge en profondeur, un tel comportement détruit à petit feu la confiance que le collaborateur peut (et doit!) placer en lui-même.

3. Confondre vision et abandon

Il relève du top management de définir la vision de l'organisation, débouchant sur l'intitulé de la mission à mettre en œuvre. Le leader a pour rôle de transmettre cette vision à son équipe et de construire avec l'aide de tous ses collaborateurs les plans d'actions qui la concrétisent. Mais il ne s'arrête pas là. Communiquer cette vision ne le dédouane pas. Il doit maintenant contribuer à atteindre les objectifs.

Trop de leaders s'imaginent inspirés en se contentant de définir une vision et «faire confiance» en déléguant (le mot est trop flatteur, il serait souvent plus exact de dire 'en évacuant') l'implémentation, point final. Ils pensent à tort que puisque les rôles et les responsabilités sont bien définis, leur présence n'a plus de valeur ajoutée; «*vaquons plutôt à nos occupations de réseautage (*networking*), de recherche d'inspiration, de lobbying.*» Malheureusement, plus on grimpe dans la hiérarchie, plus on peut écrire une «chronique de la catastrophe annoncée».

L'équipe a besoin de voir régulièrement le capitaine sur le pont du navire, même si elle connaît la route pour atteindre le port et que la mer est calme. L'équipe a besoin d'encouragements, de feedback, d'explications plus étendues sur la situation actuelle et celle à venir. Et cela vaut même au niveau du comité de direction. Un navire sans capitaine est un navire condamné tôt ou tard à couler ou à connaître une mutinerie.

4. Confondre monitoring des résultats et contrôles déguisés

Si le leader inspiré adopte une culture basée sur la confiance et la délégation, et promeut un mode de management basé sur l'équation «liberté + responsabilité = bonheur + performance», il devra parfaitement définir les résultats attendus ainsi que le mode de monitoring qui y mène. Il s'agit là d'une action essentielle. Pourquoi?

Parce que, l'on s'en doute, fixer des résultats à atteindre sans jamais les vérifier provoque une forte démotivation des troupes. A l'inverse, prôner une marge de manœuvre dans la réalisation d'objectifs, mais dans les faits imposer une chaîne complète de contrôles exhaustifs à chaque niveau du processus du traitement de l'information, démotive tout autant les collaborateurs.

Pour ne pas mettre en péril la relation de confiance, il convient d'arrêter de commun accord avec l'équipe les étapes de contrôles essentiels à la prévention d'un dérapage critique du processus. Et il convient tout autant d'expliquer très précisément la manière dont, le moment et le rythme auxquels, ces contrôles seront effectués.

Développer le leader de demain: notre rôle, ici et maintenant

La reprise de la guerre des talents, l'émergence des media sociaux et leur liberté d'accès, les attentes des jeunes générations, la promotion de comportements naturellement plus altruistes, etc., offrent autant de pistes de réflexion nous invitant, in fine, à développer des leaders de la trempe de Maximus. Ces hommes et ces femmes devront endosser à la fois et le rôle de guide et celui de 'ressource' pour leur(s) équipe(s). Leur comportement par l'exemple induira alors un comportement miroir chez les collaborateurs et engendrera, à l'échelle de l'entreprise, la définition et la réalisation d'objectifs bénéfiques au plus grand nombre.

L'émergence de nouveaux comportements managériaux se fait de plus en plus pressante: respect de soi et des autres; optimisme, positivisme réaliste ou réalisme positif; création d'une vision enthousiasmante et fixation d'objectifs qui respectent la dignité et augmentent la fierté de ceux chargés de les atteindre. Le mode de gestion «Pay-it-forward» – la faculté d'entreprendre des actions positives qui servent d'abord l'intérêt de l'autre avant le sien tout en contribuant à l'atteinte de l'objectif fixé – s'étendra des salles obscures à nos salles de réunions.

Bien sûr, les enjeux des secteurs d'activité demeureront soit publics soit privés, mais leurs acteurs sociaux sainement motivés et fondamentalement heureux contribueront plus volontiers à répondre aux attentes d'actionnaires qui pour leur part, miseront plus sur le développement durable que sur des indicateurs trimestriels.

Charismatique, inspiré et inspirant, humble et courageux, capable de prendre du recul et d'évaluer la distance parcourue pour mieux fixer de nouveaux jalons, le leader de demain sait se remettre en question, apprendre de ses erreurs et faire éloge des réalisations de son équipe sans s'attribuer les succès. Il assume ses opinions qu'il traduit en actes.

Il nous revient à nous, développeurs de Patrimoine Humain, de préparer dès aujourd'hui ces leaders de demain. Et parallèlement, le regard sur notre profession évoluera, détachant progressivement l'étiquette que l'on nous a trop longtemps collée, celle de Gestionnaire de Ressources, fussent-elles humaines.

CHAPITRE 6

media sociaux 2.0

« Qui maîtrise l'Internet, maîtrise le Monde... »

Christophe Bonnefont

J'ai récemment parcouru un livre de 1993. Le courrier postal (en retard), le répondeur domestique, le minitel et les factures de téléphone qui s'envolent (elles n'ont pas atterri depuis) y tiennent une place de choix. Même topo pour Pause-café, un feuilleton français des années 80. Vous souvenez-vous de Joëlle Mazart, cette jeune assistante sociale, idéaliste et proche de ses étudiants? Elle y dénonçait la bureaucratie froide et pesante héritée du système éducatif des années 70. Morceau choisi: une altercation entre notre héroïne et le proviseur portant sur l'accès au téléphone. Tandis qu'elle exige le sien pour son local, le supérieur hiérarchique considère, lui, qu'un unique combiné dans son bureau pour l'ensemble du corps professoral suffit largement. Et notre Joëlle furibarde de lui claquer la porte au nez. On peut en rire bien sûr, mais à bien y penser, ce n'est pas mieux que l'introduction de l'email dans les années 90, d'internet dans les années 2000 ou les media sociaux aujourd'hui.

D'ailleurs, revenons un instant sur l'introduction de l'email. Au départ, seuls les directeurs pouvaient jouir de ce nouveau moyen de communication. Aussi s'envoyaient-ils des mémos par le biais de leurs secrétaires de direction pour s'avertir de l'envoi d'un email (ne riez pas). Après quelque temps, bien sûr, l'usage se démocratise. Mais, afin de maintenir pouvoir et contrôle, les patrons demandent à leurs employés d'être systématiquement mis en copie sous prétexte d'éviter les abus. Evidemment, les organisations se sont vite retrouvées congestionnées par d'ingérables chaînes d'emails impliquant la moitié du personnel.

Idem avec l'introduction d'internet. A titre d'exemple, mon employeur de l'époque avait installé la procédure suivante:

1. Envoyer un email au DG pour demander l'autorisation d'utiliser internet, en mentionnant l'heure et les liens à consulter.
2. Attendre l'accord (envoyé soit par courrier interne soit par email)
3. Se rendre à la date et à l'heure convenues sur le PC connecté à internet (situé derrière l'assistante du DG, juste à côté du bureau du DG).

Lorsque j'ai changé d'employeur, je suis tombée sur une autre procédure du même acabit. Pour avoir une connexion internet sur son propre PC (fixe) du bureau, il fallait remplir un document, validé ensuite par 2 niveaux de la hiérarchie, qui documentait le nombre d'heures de surf sur internet par semaine, les sites qu'on allait consulter, la raison du surf et une estimation des infos qu'on allait y puiser. Notez la compatibilité extrême de la requête avec la notion même de surf sur le Net!

Heureusement pour les organisations et leurs talents, la situation a évolué finalement assez rapidement. L'ubiquité d'internet et de la messagerie électronique a rendu leur usage tellement commun, donc indispensable, qu'une moindre panne du réseau IT jette désormais le personnel dans un quasi chômage technique. A ce jour pourtant, si les employeurs ont plus ou moins généralisé la connexion internet à l'ensemble des employés, son usage ne s'est pas pour autant libéralisé puisque 43% des sociétés belges continuent d'interdire l'accès aux media sociaux.

Surfer? Oui! Mais surfer 'utile', uniquement dans un but professionnel. A cet égard, une majorité de DRH et de managers me disent droit dans les yeux: «*non, nous n'autorisons aucun accès à Facebook, Twitter ou MSN depuis notre réseau*» ou bien: «*oui, nous préférons payer 'cher et vilain' nos communications internationales plutôt que de recourir à Skype*». Les 'bonnes' excuses ne manquent pas: productivité menacée, priorité à la sécurité du réseau informatique, inadéquation avec la culture d'entreprise ou le contenu de sa fonction, manque de formation et même: «*immaturité du personnel*» (sic).

Je l'admets, j'aurais peur pour mes cheveux et ma coupe si mon coiffeur passait son temps à surfer sur internet entre deux mèches. Mais, où est le problème lorsqu'il prend sa pause? Et qu'en est-il de tous nos knowledge workers, gestionnaires d'information aux prestations totalement dissociées du temps et du lieu? Les supérieurs hiérarchiques imaginent-ils réellement que nous sommes tous et toutes 100% productifs de 8h00 à 18h00? Eh bien non! D'aucuns peuvent le déplorer mais il s'agit d'une réalité humaine, ni culturelle, ni sociale. Au risque d'en peiner quelques-uns, cessez de vous accrocher à cette illusion. Par contre, lisez la bonne nouvelle qui suit.

Chez Europ-Assistance Belgique, le département des ressources humaines a remarqué que, pendant les congés, les étudiants engagés au call-center[47] qui surfaient sur le net entre 2 appels de clients étaient de 10 à 15% plus productifs (nombre d'appels pris) et plus efficaces (satisfaction du client, qualité de la réponse apportée et gestion du dossier) que les étudiants non surfeurs qui s'ennuyaient entre deux appels.

Restons toutefois réalistes: autant le top management demande aux responsables RH de s'occuper de stratégie, de développement de

....

47 centre d'appels

l'organisation, de gestion des talents et de tableaux de bords, autant les top managers (les 'chefs' en général) demeurent hermétiques au discours d'extension d'une nouvelle dimension de communication à leur people management.

Brandfog, bureau d'étude américain, a étudié l'impact des media sociaux et de leur adoption par les top managers.[48] Ces derniers ne recourent qu'exceptionnellement aux media sociaux pour communiquer autant en interne qu'en externe. En janvier 2012, 61% des sociétés du Fortune 500 étaient activement engagées sur Twitter pour seulement 2,5% de leur CEO et autres CxO.

Pourtant, les réponses fournies par les interviewés actifs sur les media sociaux (CEO & CxO compris) demeurent sans appel (et sans jeu de mots):

- 86% des CxO jugent les media sociaux importants, voire vitaux, pour le bon exercice de leur fonction;
- 78% des managers estiment qu'ils améliorent la communication, 71% l'image de marque, 65% la transparence, 45% l'ambiance de travail, 45% un *leadership* plus fort;
- 81% des déclarants s'estiment mieux équipés que leurs pairs absents des media sociaux pour gérer leur société dans un univers 2.0;
- 82% font davantage confiance aux organisations dont le CEO est engagé sur les media sociaux et 77% d'entre eux se disent plus enclin à leur acheter des produits et services;
- 89,7% estiment avoir une meilleure relation avec leurs clients, 89,3% avec leurs employés et 66,3% avec leurs investisseurs;
- 94% pensent que la présence active d'un comité de direction sur les media sociaux améliore l'image de l'organisation;
- 78% préfèrent travailler pour une société dont le comité de direction est actif sur les media sociaux que le contraire.

Nous l'avons compris: réclamer le téléphone dans son bureau un jour de 1980, l'email en 1996, le Web en 2001, un Smartphone en 2009, l'accès aux réseaux sociaux en 2013... même combat! Ni plus, ni moins. Vous verrez, vous en rirez dans 5 ans en vous demandant comment on a bien pu imaginer fonctionner sans Twitter ou Facebook pendant les heures de travail, et pour les moins chanceux d'entre nous, sans le Web. Ne serait-il pas enfin temps de dédramatiser la situation?

....

48 http://www.brandfog.com/CEOSocialMediaSurvey/BRANDfog_2012_CEO_Survey.pdf

Monde RH réveille-toi!

Le monde évolue, les amis. Les sociétés aussi. Et si nous voulons nous targuer de gérer des ressources humaines (notez qu'ici je ne parle même pas de Patrimoine Humain), il serait peut-être temps de vivre avec notre époque. Savez-vous que les media sociaux peuvent accélérer vos processus de recrutement? Savez-vous qu'en 2012 LinkedIn regorgeait déjà de plus de 175 millions de profiles (+20% en un an)? Savez-vous que les media sociaux peuvent faire et défaire la réputation de votre entreprise[49]? Savez-vous que la tendance à la pénurie de talents s'accentue? Savez-vous qu'en 2018, les jeunes de la génération 'Z' vont inonder le marché de l'emploi? Vous savez, ces jeunes nés avec une tablette à la main et qui possèdent un réseau d'amis virtuels plus nombreux que ceux de la «vraie vie». Vous pensez réellement les motiver à rejoindre vos organisations en leur interdisant l'accès aux media sociaux? *Keep dreaming*[50]! Je pense que faire fi des réponses à ces questions, c'est juste assassiner la politique de staffing et de gestion des talents des organisations. Ni plus, ni moins.

Alors, soyons sérieux. S'ils ne le font pas pour des raisons privées, que les RH se mettent au moins au 2.0 pour des raisons professionnelles. Car c'est là que ça se passe. Il est ahurissant d'entendre un professionnel RH confesser: «*Oh non, moi, je n'aime pas trop ça. D'ailleurs à la maison, je ne suis jamais sur* Facebook *et je vais à peine sur* LinkedIn. *Alors pas question d'intégrer le 2.0 dans ma stratégie. De toutes façons, je n'y connais rien.*» Question: le droit social ou la gestion de compétences intéressent-ils les DRH dans la vie privée? En quoi l'ignorance du 2.0 et le manque d'intérêt (notez que les deux vont souvent de pair) forment-ils des raisons valables pour écarter le HRM 2.0[51]?

Il est grand temps que les sociétés ouvrent le réseau IT à l'utilisation des media sociaux. Et oui, il faut prendre les précautions nécessaires pour éviter toute catastrophe sur le réseau IT et respecter la sécurité des informations dites confidentielles et critiques. Mais il ne faut pas non plus verser dans la paranoïa...

Et il est plus que temps que les managers fassent confiance à leurs employés. Souvenez-vous (on ne le répétera jamais assez) de ces gens

49 Visitez ce très instructif site du Nouvel Economiste sur le pouvoir des media sociaux: http://bit.ly/wc5qlF
50 Vous pouvez toujours rêver!
51 Human Ressources Management 2.0 ou: comment capitaliser sur l'esprit 2.0 en RH.

si formidables que vous avez un jour engagés. Nos managers sont-ils conscients que ces jeunes recrues n'ont pas perdu leur cerveau à la signature du contrat (oui, je sais que c'est la 3ème fois que je le répète mais il vaut mieux en l'occurrence une fois de plus que de moins)? Ils sont capables de réfléchir, d'agir en adulte et d'utiliser à bon escient les moyens modernes de communication. Que nos managers osent accorder leur confiance et ils pourront le constater de visu: ils vont faire bien des heureux.

10 bonnes raisons d'être actif en tant que RH dans le 2.0

Ainsi, mes collègues RH réticents me demandent-ils régulièrement d'avancer quelque raison d'embrayer dans le 2.0. En voici dix bonnes qui en ont déjà convaincu plus d'un.

1. La guerre des talents

Nous en sommes à la 3ème guerre des talents, après celle de 2000 et de 2005. Pensez-vous qu'à l'instar de leurs aînés, les jeunes achètent la presse du samedi pour y trouver un job? Vous seriez le seul. Au mieux, ils consultent et s'inscrivent sur les sites web. Mais surtout, ils activent le bouche-à-oreille via les media sociaux pour se mettre sur la piste de leur premier ou prochain job. Les jeunes se connectent, *chattent*[52], échangent des liens, vérifient l'info en *googlant*[53] le nom de l'organisation et de la responsable du recrutement qui pourrait bien les interviewer. Ignorer ces faits, c'est mener la politique de l'autruche en imaginant que la belle image de votre organisation suffira à voir débarquer des cars entiers de talents enamourés. Ceci dit, vous avez raison si votre boîte s'appelle Google, Apple ou une poignée d'autres. ☺

....

52 bavardent entre eux (voir glossaire)
53 «en googlant» (voir glossaire): «en effectuant une requête online sur un moteur de recherche informatique internet, probablement de marque Google»

2. Le KISSSS

Vous aimez faire les choses de façon simple, attractive et directe? Les media sociaux sont faciles à utiliser. Ils réduisent l'usage des emails et accélèrent encore la rapidité d'accès à l'information. Et le 2.0 ne s'adresse pas qu'aux jeunes générations; il est multi-générationnel.

3. Les communautés

Quel que soit son âge, toute personne aime appartenir à une communauté qui partage ses intérêts, objectifs ou besoins. Et la tendance se renforce lorsque l'on vit dans des lieux différents et travaille sur différents projets. Les media sociaux facilitent la création de communautés à des coûts réellement réduits.

4. La collaboration

En septembre 2011, lors d'une convention en Australie de Deloitte, John Hagel, conférencier et auteur de nombreux ouvrages osait: «*la confiance se construit en partageant sa vulnérabilité. Plus on expose et partage ses problèmes, plus le succès est au rendez-vous. Le pouvoir n'est plus de dicter ce qui doit être fait et quand. C'est fournir aux individus le pouvoir de se connecter*[54]». Si vous avez des questions, des problèmes, des suggestions: partagez-les! Vous serez surpris par la quantité et la qualité des réponses que vous recevrez. Gratuitement!

5. Le knowledge management

En gestion des connaissances, le problème réside dans le savoir et la solution dans le management. Donnez de la liberté à vos collaborateurs pour partager et transmettre l'information qu'ils jugent réellement utile et assurez ainsi la continuité de votre business. Mettez à leur disposition des plateformes collaboratives. Et le knowledge management deviendra un plaisir et non plus une charge titanesque.

54 Interview de John Hagel dans un article de David Kirkpatrick «Social Power and the coming corporate revolution» publié par Forbes le 7/9/2011 http://www.forbes.com/sites/techonomy/2011/09/07/social-power-and-the-coming-corporate-revolution/

6. Le booster de créativité

Constituez-vous une liste de *twittos*[55] qui partagent vos intérêts et visitez régulièrement la liste des tweets diffusés. Lisez des blogs. Cliquez d'un lien à l'autre. Cherchez des références par l'utilisation de mots-clés, les hashtags (#). Vous allez accéder à un monde incommensurable de connaissances. A côté, la bibliothèque d'Alexandrie et la Tour de Babel, c'est le rayon BD du supermarché du coin. Ne vous laissez pas effrayer par la quantité d'infos que vous allez trouver. La pratique régulière des media sociaux vous amènera à naturellement développer votre sens de la curation: la faculté de déceler la valeur ajoutée de l'information dégagée. A chaque sortie dans le monde virtuel, vous réintègrerez le monde réel plus inspiré et riche de savoir et d'idées.

7. Le réseautage (networking)

Avoir une vie professionnelle, une vie privée, une vie sociale, une vie sportive, une vie culturelle, une vie virtuelle... Où commence et où s'arrête la *vraie* vie? Le monde du 2.0, c'est juste un autre monde. Faire de nouvelles rencontres dans le monde virtuel se révèle tout aussi passionnant que d'en rencontrer dans la vie réelle et inversement. Dans le 2.0, vous pouvez en deux clics vous connecter à des experts de l'autre côté de la planète ou à des personnes que vous ne pourrez sans doute *jamais* espérer rencontrer de votre vie (réelle). Suivre l'Instagram de Barack Obama, les tweets de Hugh Jackman (si vous êtes une femme) ou de Dominique Farrugia (si vous êtes fan des nuls et de l'esprit CANAL+) sont particulièrement jubilatoire. Pourtant jamais Barak, Hugh ou Dominique ne débarqueront chez vous un samedi soir pour partager un «bolo»[56] informel (note à Barak, Hugh, Dominique si vous lisez ces lignes, vous êtes les bienvenus).

8. Le coût

Les crises financières et économiques se répercutent sur nos budgets RH, passant régulièrement de gel des dépenses à des coupes sombres et cruelles. Nos collègues de la finance tapent allègrement dans les budgets de communication (pas important), de cohésion d'équipe (on

....

55 twittos: personne qui twitte sur Twitter
56 un spaghetti bolognaise

est de toute façon soudé dans l'adversité) et de formation (superfétatoire, c'est bien connu). Bonne nouvelle: la plupart des media sociaux sont gratuits. Bien sûr, vous pourrez toujours trouver des versions payantes vous garantissant la sécurité quasi absolue du réseau, la possession des informations téléchargées et des options de contrôles et d'administration. Mais si vous optez directement pour une version payante, vous allez vous heurter à l'implacable fait du ROI (retour sur investissement) alors qu'il est beaucoup plus intelligent de parler de «Réalisation de l'Influence», ainsi que le recommande Brian Solis[57]. Et la crise aura eu le temps de s'éteindre avant que vous n'ayez reçu le feu vert des Finances et de l'IT (c'est dire). Donc, débutez par les versions gratuites; cela vous fera des vacances et vous acquerrez de l'expérience à moindre coût.

9. Le Fun

Autre bonne nouvelle: si vous les utilisez avec bienveillance, les media sociaux ne mordent pas. Intuitifs, faciles d'usage, ils peuvent c'est vrai devenir addictifs. Comme pour toutes choses, chocolat compris, bon serviteur mais mauvais maître. Sachez en consommer avec modération.

10. Le goût (!)

Revendiquons notre unicité. Chaque expérience personnelle des media sociaux diffère l'une de l'autre. Chaque opinion de bonne foi, en soi, se respecte. Seulement, qui peut critiquer ce qu'il ne connaît pas? Mais on ne peut pas critiquer ce que l'on ne connaît pas. Donc, goûtez avant de dire que ce n'est pas bon.

Monde RH lève-toi (et marche)!

Puisque l'inconnu nous effraie, revenons aux basiques. Que dit Wikipedia sur le Web 2.0? «*Le Web 2.0 est une évolution du Web vers plus de simplicité (ne nécessitant pas de grandes connaissances techniques ni informatiques pour les utilisateurs) et d'interactivité (permettant à*

....

57 http://www.briansolis.com/2010/02/roi-how-to-measure-return-on-investment-in-social-media/ (voir glossaire)

chacun de contribuer, d'échanger et de collaborer sous différentes formes). L'expression «Web 2.0» désigne l'ensemble des techniques, des fonctionnalités et des usages du World Wide Web qui ont suivi la forme initiale du web 1.0, en particulier les interfaces permettant aux internautes ayant peu de connaissances techniques de s'approprier les nouvelles fonctionnalités du web. Ainsi, les internautes contribuent à l'échange d'informations et peuvent interagir (partager, échanger, etc.) de façon simple, à la fois avec le contenu et la structure des pages, mais aussi entre eux, créant ainsi notamment le Web social 2.0.[58]»

Le 2.0 inclut les sites de réseaux sociaux, les blogs (156 millions de sites personnels en 2011), les wikis (plateforme sur laquelle les visiteurs peuvent modifier l'information pour la rendre la plus pertinente possible), les sites d'hébergement de vidéos (comme Youtube.com), les applications web (téléchargeables sur smartphone et tablette numérique), les Mashups (sites au contenu repris de différentes plateformes comme Storify.com), ou encore une taxonomie spécifique (*hashtag*).

Certes, les media sociaux poussent comme des champignons sous la pluie. Et la plupart disparaissent plus vite qu'une fleur d'ibiscus, soit de leur belle mort soit par rachat à prix d'or par une entreprise leader sur son marché. Ne croyez toutefois pas nécessaire de devoir maîtriser l'ensemble de cette toile mouvante pour vous inscrire dans le mouvement. Avec quatre outils (Facebook, Twitter, Yammer[59] et LinkedIn), les RH peuvent déjà accomplir énormément de choses.

Questions fréquemment posées

1. En quoi l'utilisation des media sociaux et des plateformes collaboratives dans mon travail va-t-il améliorer mon organisation?

Nous avons déjà vu que les media sociaux facilitent le partage dynamique d'informations avec les parties prenantes de l'organisation. En outre, ils constituent des canaux de communication intuitifs, rapides et directs. Une stratégie d'intégration globale des media sociaux à l'organisation lui permettra de développer et de maintenir une position virtuelle forte. Généralement, les organisations y recourent:

....

58 définition de Wikipedia, juillet 2012
59 Voir page 162

- **pour construire des communautés** (clients, *alumni*, groupements d'intérêts, etc.). Aussi vitale pour vos collègues du marketing que pour les Ressources Humaines, la construction de communautés permet de consolider en interne le sentiment d'appartenance et de transformer tout employé, client ou relation, en ambassadeur virtuel de votre organisation.
- **pour communiquer** 'corporate' via des *posts*, blogs et tweets. Pouvoir diffuser son message tout en gardant la main sur le contenu dirigés vers ses stakeholders demeure essentiel.
- **pour partager info et savoir** via des wikis (site internet où les contributeurs alimentent et valident le contenu volontairement et spontanément). Les publics internes et externes à l'organisation, si celle-ci possède une culture d'ouverture et d'implication des parties prenantes, peuvent accéder à des plateformes collaboratives et ainsi valablement contribuer à la création de valeur ajoutée supplémentaire. Un conseil: lorsque vous, RH, recevez la mission de travailler sur la gestion des connaissances, avant de sombrer dans l'édifice d'une $N^{ème}$ usine à gaz, pensez d'abord à mettre ce genre d'outil à disposition du plus grand nombre et de concentrer vos efforts sur des cibles bien définies (par exemple le segment Les Loyaux auquel le chapitre Patrimoine Humain fait référence).
- **pour accélérer la communication virale** dans le cadre d'actions marketing ou d'employer branding (image que l'employeur souhaite véhiculer). Il n'existe rien de plus efficace que de travailler sa communication via des relais interne et externe.

> Prenons l'exemple de Generali Belgique. En mai 2012, le siège belge de la société d'assurance a conduit une action marketing innovante combinant promotion d'une nouvelle police d'assurance habitation et culture d'entreprise. A la signature de tout nouveau contrat d'assurance dans le cadre d'un déménagement, Generali Home Insurance offrait les caisses de déménagement à son client. Rien d'exceptionnel en soi... sauf pour un de ses clients qui déménageait à 500m de son domicile.
>
> Le samedi de son déménagement, le nouveau client a eu la surprise de trouver devant chez lui 150 employés de Generali et son comité de direction au grand complet, tous portant un t-shirt Generali. Ces employés ont créé une chaîne humaine pour transporter l'ensemble des biens d'un domicile à l'autre. La petite vidéo a été vue quelques milliers de fois sur Youtube et relayée à la fois par Facebook et Twitter.

L'image véhiculée incarne complètement les valeurs de l'entreprise: engagement envers le client, confiance, esprit pionnier, cohésion, performance et compétence. Lors d'une interview, plus qu'un long discours sur la culture d'entreprise ou un slogan sur un poster, il suffit de montrer ce petit film pour prouver que Generali vit ses valeurs au quotidien.

- **pour augmenter créativité et d'innovation**. Au sein de l'organisation, entre collaborateurs, les sources de créativité et d'innovation pullulent. A l'extérieur également, si l'organisation possède la capacité ou la volonté de s'ouvrir vers le monde, dans un processus de co-création avec ses différents publics.
- **pour améliorer sa (e-)réputation**. Toute entité doit manifester sa présence autant dans le monde réel que dans le monde virtuel, par ailleurs beaucoup plus rapide, mais aussi acerbe et implacable. Autant le savoir: le jugement des internautes y tombe sans nuance et sans appel. Toutefois, personne ne peut plus faire l'économie de sa présence sur le 2.0. Sachez seulement que se fourvoyer dans le monde virtuel se propage beaucoup plus rapidement que dans le monde réel et ce, de manière indélébile. Cela veut aussi dire qu'une veille active permet de saisir des opportunités insoupçonnées comme l'indique la mésaventure de La Redoute et la pirouette opportuniste des 3 SUISSES début janvier 2012.

La Redoute, célèbre acteur de VPC[60], publie son nouveau catalogue d'été. Une photo va faire le tour du net en moins de 24 heures. Aux pages habits pour enfants, un des clichés dévoile nos chères têtes blondes en tenue estivale, mais aussi en toile de fond la tenue d'Adam (très estivale) d'un homme venu visiblement goûter à la douce tiédeur des eaux tropicales. Dix ans plus tôt, le même catalogue feuilleté par la fameuse ménagère de moins de 50 ans aurait sans doute fini au panier; point barre. Pas en 2012 où, malheureusement pour La Redoute et heureusement pour les 3 SUISSES, le buzz frappe. Tandis que La Redoute se fait remonter les bretelles, Les 3 SUISSES érige une offensive de bon aloi. L'éternel rival reprend la photo à son compte tout en revêtant l'objet du délit d'un maillot infographique, le tout porté par l'accroche: «*Visiblement, tout le monde ne sait pas que nous avons des maillots de bain.*»

....

60 Vente Par Correspondance; on dit aussi 'vente à distance', le marché du catalogue s'étant déplacé vers Internet

Que les réfractaires au changement n'y voit cependant pas une raison de fuir le Web. Avec ou sans vous, avec ou sans votre assentiment, tôt ou tard, en bien ou en mal, on parlera de vous. Comme on n'est jamais aussi bien servi que par soi-même, alors autant que ce soit vous, en bien et tout de suite qui preniez la main pour contrôler votre image et ajuster le tir au plus vite si nécessaire. D'ailleurs, lisez le point suivant.

- **pour supplanter les concurrents imperméables aux media sociaux**. Je viens de le dire, les malheurs des uns peuvent faire le bonheur des autres. Il a été démontré que les grandes entreprises américaines déjà présentes sur les media sociaux lors de la première élection de Barack Obama à la Présidence des USA, ont connu une croissance largement supérieure aux entreprises du même secteur complètement à l'écart des media sociaux. Axel Schultze, CEO de Xeeme, co-créateur de LinkedIn, l'a d'ailleurs établi lors de l'événement *Digital Agenda Assembly* organisé par la Commission Européenne en juin 2012 réunissant plus de 900 experts dont 150 spécialistes en media sociaux. Même si vous jugez la comparaison un peu hâtive, n'en interpelle-t-elle pas moins?

Utilisent les media sociaux		**N'utilisent pas les media sociaux**	
Wal Mart	+13	Macy's	-4,8
Southwest Airlines	+0,178	Delta Airlines	-8,9
IBM	+12	US Airways	-2,2
Cisco	+8	CitiGroup	-27
Verizon	+6	Hertz	-1,2
Well Fargo	+2	Wendy's / Arby's	-0,4
UPS	+3		
Starbucks	+3		
Walt Disney	+4,4		

* profitabilité en milliards de dollars, 2011.
** basé sur un indice de monitoring de media sociaux the sentiment analysis (fréquence d'interaction sur les media sociaux)

- **pour accélérer / améliorer les processus de recrutement**. Vlan, le groupe de presse belge, a récemment élargi l'ensemble de ses équipes. Le groupe a sélectionné ses dernières recrues 2012 sur base de jobs postés via les media sociaux, en l'occurrence sur la page Facebook d'une école supérieure réputée en communication et via Twitter. Le délai du processus de recrutement n'a pas dépassé

15 jours pour sélectionner les candidats, les interviewer, négocier et signer leur contrat de travail. Quel chasseur de tête peut se targuer de faire mieux? Un service de recrutement interne publiant les fonctions via la presse, peut-être? Evidemment, je ne parle même pas du service de recrutement officiel de l'Etat belge pour son niveau fédéral dont le délai moyen de recrutement de contractuels en 2011 était de 173 jours pour atteindre 554 jours maximum pour le recrutement d'un fonctionnaire.

- **pour gagner en influence sur son marché et au sein de la communauté**. Depuis des décennies, Coca-Cola se positionne en promoteur de démocratie et de liberté, même si de nombreux rapports l'accusent, entre autres, d'épuiser indûment les ressources naturelles ou de recourir au travail des enfants[61]. Pourtant, trouver du Coca dans des pays émergeants ou aux économies réputées fermées et protectionnistes se vit comme un signe de progrès vers la 'civilisation'. Le leader planétaire des *soft drinks*[62] vient de frapper fort au Brésil. En juin 2012, il a mis dans ses distributeurs de boissons des canettes bien sûr, mais aussi et surtout des crédits pour surfer. Depuis 2006, Coca-Cola axe sa communication sur le bonheur (la «*Happiness Factory*»). Or, qu'est-ce qui ravit plus les jeunes que de surfer gratuitement sur le net et rencontrer ses amis sur les media sociaux? Seulement voilà, les ados n'ont pas tous forcément les moyens de s'acheter des crédits pour se connecter. Qu'à cela ne tienne! Coca-Cola a lancé la plateforme gratuite «*Happiness Refill*[63]». Cette plateforme, gratuite contre le téléchargement d'une application sur smartphone, associe la présence de la marque, l'accès au web et la proximité des points de ventes. 45 millions d'utilisateurs en quelques semaines... Vous avez dit force des media sociaux?

2. Au secours, dois-je faire tout tout(e) seul(e)?

Si l'équipe RH résiste quelque peu aux media sociaux, j'ai une bonne nouvelle. Actuellement, des fonctions se créent pour gérer au mieux les intérêts de l'organisation dans le monde virtuel. La fonction de *Community Manager* ou gestionnaire de communautés virtuelles commence à se vulgariser au sein de larges organisations. Conscientes de l'importance stratégique de ce nouveau métier, elles internalisent ce savoir-faire.

....

61 http://www.oxfammagasinsdumonde.be/2010/10/coca-cola-the-happinnes-factory/ (ndlr l'orthographe est correcte)
62 boissons non-alcoolisées
63 http://www.youtube.com/watch?v=7qYcFHHKreM

C'est ainsi que certains gros fournisseurs de services RH belges se sont lancés avec succès dans l'aventure du *Community Management*. SD Worx (secrétariat social et prestataire de services RH), Kluwer (éditeur et diffuseur de connaissance à orientation juridique et RH) mais également des institutions publiques comme Actiris (bureau d'emploi de la région Bruxelles-Capitale) ou l'Institut Des Vétérans ont leur propre *community manager* pour alimenter leurs communautés aussi bien internes qu'externes.

- Parlons d'Actiris, l'Office Régional Bruxellois de l'Emploi dont la mission principale consiste à mettre en œuvre la politique de l'emploi en Région de Bruxelles-Capitale. En juin 2012, Actiris a lancé sa fan page sur Facebook. Une *fan page* d'un bureau de chômage (pour utiliser la terminologie négative mais usitée)? Il fallait oser! Ils ont osé! Eh bien, en 15 jours seulement, 1.000 fans s'étaient inscrits.

  La communication positiviste de l'office repose autant sur les actions d'Actiris que sur les offres pointues d'employeurs et les profils aiguisés des demandeurs d'emploi. Présent sur Twitter (@ActirisBrussels) et sur LinkedIn, Actiris nourrit une vraie communication online qui, en retour, confère à cette organisation, pourtant peu connue pour attirer d'emblée la sympathie, une image enthousiasmante et proactive.
- Et que penser de l'Institut Des Vétérans? Cette institution publique rembourse les soins de santé et aide socialement les vétérans, invalides de guerre, anciens combattants et autres victimes de guerre. Ne trouvez-vous pas surprenant qu'une organisation qui rappelle aux jeunes les guerres récentes possède sa page Facebook? Et qu'elle soit visitée? Et pourtant, en un mois, la page s'est gonflée de plus de 3.850 fans. Comment?

  A l'occasion du génial projet «Le train des Mille«, Isabelle Bastaits (@ isabastaits), responsable Com-Fr, a donné un immense coup de pouce au devoir de mémoire: 1.000 jeunes, un train et une destination: Auschwitz. Un voyage de 23 heures qui débute en gare de Schaerbeek (Bruxelles): des visites à Birkenau, Cracovie et Auschwitz; des rencontres avec des survivants des camps. En chemin, d'autres jeunes européens d'une dizaine de pays dont l'Italie, l'Espagne, les Pays-Bas, le Luxembourg et la Russie, ont rejoint ces jeunes belges. Isabelle a organisé un concours de reportage photos / vidéo. Certaines d'entre elles comptent plus de 700 votes! Auriez-vous imaginé cela un seul instant en pensant à l'Institut Des Vétérans? CQFD.

Revenons à l'aide nécessaire recherchée. Le Chief Digital Officer (CDO) pourra se charger d'une bonne partie de vos problèmes. Au confluent du responsable Communication, Marketing et IT, la fonction est une véritable innovation dans la distribution des rôles stratégiques de l'organisation. Depuis 2 ans, la fonction de CDO est invitée avec les autres CxO aux tables des comités de direction des grandes sociétés comme chez GSK, à la Ville de New York ou encore Starbucks Coffee Company, la chaîne de points de vente de boissons chaudes et petite restauration, bâtie sur un modèle de développement durable, devenue en 20 ans une référence mondiale.

- Le 9 mars 2012, Starbucks émet un communiqué de presse annonçant qu'Adam Brotman prend les fonctions de Chief Digital Officer. Cette fonction chapeaute l'ensemble des activités digitales de Starbucks: e-business, e-payment (42 millions de transactions via smartphone en mars 2012), media sociaux, présence et développement d'applications mobiles et web, programme de fidélisation, Wi-Fi et le réseau digital de Starbucks. A 40 ans et toutes ses dents, siégeant au comité de direction de cette multinationale générant en 2011 12,6 milliards de chiffre d'affaires annuels, Adam est désigné le 24 mai 2012 par le magazine d'affaires américain Fast Company comme la 3ème personne la plus créative de 2012 de tous les business de notre petite planète.

3. A titre personnel, les media sociaux représentent-ils une réelle opportunité?

Nous en avons débattu, via les media sociaux nous communiquons de plus en plus fréquemment un certain nombre d'informations aux réseaux privés et professionnels. Et souvent, d'aucuns pensent qu'en pratiquant ainsi tous leurs contacts seront touchés. C'est pourtant sans compter sur tous ceux qui se tiennent à l'écart de ces media sociaux, pour l'une ou l'autre raison jugée légitime:

- aversion pour le monde virtuel;
- respect de la vie privée;
- rejet de la dématérialisation des relations sociales;
- futilité et superficialité des relations;
- infobésité (trop d'infos tuent l'info);
- complexité ressentie devant la pléthore de canaux médiatiques parfois redondants;
- manque de temps pour caser une activité supplémentaire dans un agenda déjà surchargé.

Bien sûr, toutes ces réticences se conçoivent. Après tout, comment faisions-nous avant l'email? Le courrier postal et les notes internes ne suffisaient-ils pas largement à l'échange d'informations? Quant à l'intrusion dans nos vies du téléphone mobile: un caprice de riches des années 90 ou de businessmen en mal de reconnaissance! Et les smartphones? Comme s'il ne leur manquait plus que la fonction micro-ondes et sèche-cheveux pour parfaitement nous épanouir?! Ne serait-ce pas plutôt un danger pour notre équilibre de vie? Après tout, que demande-t-on à un téléphone, si ce n'est de téléphoner et non de prendre des photos, d'occuper ses enfants dans une salle d'attente ou d'accéder à des documents stockés dans l'univers éthéré du Cloud?! Etc.

Nous sommes d'accord, le progrès pour le progrès est critiquable; et tous les progrès ne témoignent pas toujours d'une évolution intelligente au service de la communauté et du développement durable. Rappelons-nous toutefois que les industriels proposent et que la société dispose. Quand la société adopte une nouvelle technologie, c'est qu'elle y trouve son compte. Aussi, à un certain stade, refuser le progrès en s'interdisant *consciemment* l'accès à certaines informations ne revient-il pas à se marginaliser de la norme sociétale présente et par conséquent à s'isoler du monde? Il convient de (se) poser la question. En témoigne ma petite expérience personnelle.

Petite tranche de vie

Lorsque mes parents s'émeuvent de ne pas recevoir de mes nouvelles et s'étonnent, dans le même temps, que leur voisine en sache plus sur les petits événements de ma vie, la cause se révèle fort simple à identifier: nous ne partageons pas le même mode d'information alors que la fille de leur voisine, si. Elle et moi sommes toutes deux connectées sur Facebook. Or, les media sociaux exacerbent l'instantanéité de l'information. Illustrons-le par un exemple personnel des plus banals.

A l'heure où j'écris ces lignes, s'ils sont connectés, 450 personnes sur Facebook peuvent instantanément apprendre que mon mari et moi avons changé de lieu de séjour durant nos congés. Ils savent aussi pourquoi nous avons littéralement fuit ce club de vacances à Chamonix où nous trouvions impossible de faire nôtre leur célèbre devise «*le bonheur si je veux*». Nous avons trouvé refuge chez leurs collègues de Peisey-Vallandry où le niveau et la qualité des services de restauration et d'hôtellerie ne souffrent aucune comparaison.

Oui, mais l'intérêt n'est-il pas minime

...me direz-vous? Pas moins que celui de la carte postale. Et Facebook, c'est le principe moderne de la carte postale... en mieux. Tout d'abord, nous pouvons (choisir de) rester partout connectés, même en vacances. Ensuite, nous partageons les photos de notre lieu de villégiature, de nos visites et de nos rencontres; nous échangeons aussi nos points de vue, humeurs et humours, entre amis. En temps réel. Au retour des vacances, à moins d'adorer le vintage, plus besoin d'effectuer la tournée des chapelles annoncer aux proches une grand-messe «soirée diapos» spécial années 70 où revisiter recueillis de fabuleuses anecdotes estivales.

Sans parler des vrais avantages: le partage et l'échange. Qu'y a-t-il finalement de plus fiable que l'avis des amis? Ainsi, si l'envie prenait à certains de mes contacts Facebook de réserver un séjour dans le fameux Club de vacances de Chamonix, peut-être se souviendraient-ils de notre expérience malheureuse. Le site web Tripadvisor.com a bien compris le potentiel à tirer de «l'avis de mes amis sont mes avis». C'est ce qui a construit son succès: pouvoir tous nous y renseigner sur la qualité des lieux de séjour, hôtels, restaurants, etc. Imparable.

Poster un *status* (c'est-à-dire prendre position sur une information) sur un media social comme Facebook est simple, instantané et gratuit (enfin, en connexion Wi-Fi). Nous sommes à l'antipode du coup de fil à l'étranger depuis un téléphone mobile vers une ligne fixe au coût immédiatement exorbitant. Ce qui m'amène à réaliser que, finalement, mes parents ignorent que nous ne résidons plus là où nous sommes censés séjourner à Chamonix... sans que personne ne s'en soucie. Or, je crois que partager les moments tristes et gais de la vie ou se sentir entouré dans la joie comme dans l'adversité procurent de bons sentiments et resserrent les liens.

Mon exemple personnel peut vous sembler futile, j'en conviens très aisément. Et j'entends ceux qui avancent qu'un banal instant de vie peut se muer en arme potentielle entachant la réputation virtuelle d'une organisation, d'une entreprise, d'une marque, ou d'un lieu... Je vous l'accorde: notre réputation sur les réseaux sociaux, tant positive que négative, peut se jouer avec ou sans nous. Alors autant s'y manifester, pour au minimum y jouer notre rôle de modérateur. Car enfin, que vaut-il mieux? Ignorer l'impact des media sociaux sur sa réputation ou bien – même sans y être actif – signaler au moins sa présence en y créant son identité virtuelle?

Je vous rassure, 'présence' sur les media sociaux ne rime pas forcément avec 'action'. Sur une plateforme collaborative, la règle des 01 - 09 - 90 que Jakob Nielsen a définie en 2006[64] se vérifie encore en 2013:

- 1% des membres sont réellement **actifs** et plus précisément «cré-actifs»: ils initient du contenu et des récits; enrichissent d'autres contenus existants; alimentent de leur opinion les infos déjà postées; deviennent agent de connexion entre comptes déjà présents, etc.
- 9% des membres sont juste **réactifs**: ils se contentent d'ajouter des commentaires ou de relayer l'information déjà postée par les 1% «cré-actifs».
- 90% des membres demeurent **passifs**: ils lisent l'information mais ne communiquent pas et ne réagissent que très rarement à l'information déjà postée.

En définitive, l'important se résume au pouvoir d'accès à l'information, à la liberté d'expression et de communication et enfin, à la maîtrise de son image. En résumé, grâce aux media sociaux vous pourrez:

- créer votre identité virtuelle;
- gérer votre (e-)réputation ou image en maîtrisant votre contenu (que souhaitez-vous communiquer ou non; et sur quel media?);
- partager du contenu, de l'information, y compris avec des personn(es)(alités) que vous n'imaginez même pas approcher dans la vie réelle;
- acquérir une influence dont vous ne jouissez peut-être pas dans votre vie privée;
- accroître et renforcer vos réseaux privé et professionnel (ajouter de nouveaux contacts, entretenir les relations déjà établies, etc.).

4. En matière de Patrimoine Humain, quels media sociaux les organisations privilégient-elles?

LinkedIn

L'interface web LinkedIn propose à chacun de partager son CV et de construire son réseau virtuel[65]. Il est établi qu'en moyenne nous connaissons personnellement 350 personnes. En incluant le monde

....

64 http://www.useit.com/alertbox/participation_inequality.html

65 LinkedIn estime qu'un réseau se construit sur 4 niveaux: vos contacts directs, les contacts de vos contacts, les contacts des contacts de vos contacts et les contacts des contacts des contacts de vos contacts.

virtuel, la proportion augmente car nous interagissons au quotidien avec bien des personnes sans pour autant les avoir jamais rencontrées. En tablant sur une base de 1.000 relations au 1er niveau, un chiffre considéré réaliste pour une majorité d'universitaires et de professionnels, au 4ème niveau de votre réseau, vous pouvez raisonnablement envisager d'entrer en contact avec 1,2 millions de personnes. Puisque le système LinkedIn de mise en relations vous autorise à entrer personnellement en relation avec tout contact du 4ème niveau de votre réseau, quel vivier juste inépuisable de talents et d'opportunités commerciales s'ouvre à vous!

En moins de 10 ans d'existence, LinkedIn dépasse désormais les 175 millions de profils. Très vite, LinkedIn a identifié les débouchées commerciales en autorisant les entreprises à poster leurs offres d'emploi et à accéder à des banques de données qualifiées via des filtres personnalisables. Même dans sa formule gratuite, cet outil se révèle d'un soutien inestimable pour:

- poster votre CV en ligne et le rendre accessible à des organisations ou des chasseurs de tête à la recherche de votre profil;
- créer des communautés professionnelles d'intérêt relatif au *core-business* de votre organisation;
- localiser des talents ad hoc;
- échanger et partager des opportunités de job;
- gérer de façon intégrée l'ensemble de vos besoins de staffing (pour autant que les profils recherchés existent aussi sur LinkedIn)
- gérer les alumni de votre organisation via un groupe d'intérêt.

Facebook

Qui ne connaît pas Facebook? Sur les 2 milliards d'internautes recensés au 2nd trimestre 2012, Facebook comptait 955 millions d'utilisateurs actifs mensuels dont 543 millions interagissent en utilisateurs nomades. A l'heure où vous lirez ces lignes, le milliard sera sans doute dépassé. Cette audience représente pour toute organisation publique ou privé, commerciale ou non, une aubaine sans précédent. En avril 2012, Facebook dénombraient 42 millions de pages arborant plus de 10 *likes* (j'aime). Lady Gaga, Manchester United Et Disney totalisaient chacun plus de 20 millions de *likes*.

Les organisations recourent à Facebook pour se relier à leur communauté de fans. Les pages corporate sont d'ailleurs appelées Fan Page. Simples à animer, elles permettent de répondre directement aux commentaires des utilisateurs, de diffuser de l'information, d'organiser des événements, d'offrir du contenu ciblé ou des promotions ou bien encore de poster des annonces de recrutement.

Twitter

Revenons à Twitter, vecteur de diffusion de messages courts (140 caractères). À des fins RH, un compte officiel de société permet de:

- lancer des annonces de recrutement, parfois sur des supports originaux;
- lancer des plans de formation;
- partager de l'information;
- partager la culture d'entreprise et communiquer sa politique #HRM20[66];

Yammer

La plateforme collaborative Yammer (www.yammer.com) ressemble fortement à Facebook mais se dédie uniquement aux collaborateurs d'une même entreprise partageant le même nom de domaine (la terminaison d'adresse suivant le @). Ce réseau sécurisé par un accès *https* autorise les collaborateurs à:

- poster et partager avec leurs collègues toute information (professionnelle ou non) et tout document souhaité;
- planifier des réunions;
- organiser des enquêtes;
- créer des groupes internes à l'organisation (à caractère professionnel ou non);
- créer des communautés d'intérêts ouvertes sur l'extérieur: clients, fournisseurs, experts et autres communautés ou personnes possédant une valeur ajoutée pour l'organisation.

Yammer propose deux formules: l'une, payante et surtout utile pour un usage extra-*corporate*, garantit plus de contrôles et de monitoring (surveillance). L'autre, gratuite, suffit déjà largement pour un usage interne.

A mes yeux, Yammer constitue indubitablement un des outils les plus puissants et performants qu'il m'ait été donné d'expérimenter pour créer et renforcer une culture d'entreprise basée sur l'équation: Liberté + Responsabilité = Performance + Bonheur. Son développement simple, rapide et viral, requiert en outre très peu de connaissance de base tant son maniement se révèle intuitif. Microsoft ne s'y est pas trompé en l'acquérant pour $1,2 milliards.

66 Voir question suivante.

5. Par où attaquer une politique HRM2.0?

Revenons à l'essence même du métier de développeur de Patrimoine Humain: attirer et rémunérer, développer, connecter. En gros, cela revient à 'faire du #HRM20', à intégrer concrètement les media sociaux dans votre politique de ressources humaines.

Attirer à soi

En introduisant les media sociaux et les plateformes web dans les processus de recrutement, nous allons immanquablement attirer les talents déjà rompus à leur usage et conscients de la force du bouche-à-oreille virtuel. Outre l'accès gratuit à Facebook et Twitter, les coûts d'utilisation de la version payante de LinkedIn restent nettement moindres que la publication d'une annonce papier dans la presse nationale, voire même locale. Bien sûr, au risque de faire une lapalissade, la publication d'une annonce web moins onéreuse que le papier demeurera cependant toujours plus chère que si elle était gratuite.

Mais de vous à moi, au-delà du débours, à quel recrutement croyez-vous le plus: à celui généré via un bouche à oreille initié par vos employés ou par vos amis agissant en ambassadeurs de votre organisation? Ou bien via un «tiers page» quadri classique qui paraîtra dans le journal du samedi? Si vous recherchez des infirmières, croyez-vous davantage en une pleine page publiée dans la presse nationale ou en une pleine page Facebook assortie d'une communication ciblée relayée par vos infirmières, celles qui travaillent déjà pour vous? Si vous cherchez un responsable marketing 2.0, vaut-il mieux twitter que d'appeler un chasseur de tête à la rescousse? Etc.

Former

La première étape essentielle à l'adoption des media sociaux au sein d'une organisation consiste bien sûr à former ses équipes à leur usage. A priori, vous pouvez vous passer de consultants externes;

- d'une part, de nombreux manuels existent en abondance (et gratuitement accessibles au format PowerPoint sur des sites comme Slideshare.net);
- d'autre part, il existe certainement en interne des talents et/ou des membres de la génération C (Connected) ravis de partager leur savoir. Maintenant, comme pour toute acticité organisationnelle stratégique, il demeure simplement essentiel de fixer en amont les objectifs que vous souhaitez atteindre en vulgarisant l'usage des media sociaux afin d'ensuite organiser le programme de formation en conséquence.

Bâtir des communautés

Au risque de me répéter, la grande force des media sociaux consiste à bâtir des communautés autour d'intérêts communs. Le partage doit donc s'opérer de façon totalement indépendante de la hiérarchie, quelle que soit son niveau (unité, département, direction générale). Yammer, Bluekiwi et Knowledge Plaza proposent autant d'outils parfaits pour bâtir une culture de collaboration et de partage des connaissances.

En plus de la gestion de projets à caractères sociétaux, Dreemteemz permet de construire des dream teams (équipes de rêve). Cette plateforme joue sur les compétences à l'œuvre au sein de vos équipes et la fierté d'appartenance. Souvenons-nous que la réputation, virtuelle ou non, de toute organisation, procède de la somme des réputations individuelles. Idem pour son niveau d'excellence; il procède de la somme de toutes les excellences individuelles.

Test: suis-je accro aux media sociaux?
Oui, ou non, vous reconnaissez-vous
dans les affirmations suivantes?

Vous réfléchissez en 140 caractères.
☐ Oui ☐ Non

Vous n'avez jamais rencontré dans la vraie vie au moins 10% de vos amis Facebook.
☐ Oui ☐ Non

Quand on vous contacte pour vous offrir un job, vous répondez «*mon CV est sur* LinkedIn. *Vous m'excuserez, je n'ai pas de version papier.*»
☐ Oui ☐ Non

Après un repas, vous demandez à vos convives de *liker* vos talents culinaires.
☐ Oui ☐ Non

Vous envoyez un *doodle* à conjoint pour fixer un ciné-resto et plus si affinités.
☐ Oui ☐ Non

Vous avez totalement intégré le concept de vivre deux vies: une vie réelle et une vie virtuelle.
☐ Oui ☐ Non

Quand vous rencontrez quelqu'un qui vous semble familier, vous annoncez votre pseudo Twitter. «*Mais si, on se connaît. Je suis* @Happy_Laurence»
☐ Oui ☐ Non

Pour demander à votre enfant de ranger sa chambre, vous lui dites: «*@Victor, range ta chambre. Sinon #jevaisvraimentmefâcher #patience #abnégation*».
☐ Oui ☐ Non

Vous avez créé un *pinboard* Aldi-Delhaize-Colruyt sur *Pinterest* pour votre shopping hebdomadaire. Mieux, vous le faites sur *Fancy* pour avoir en même temps les bons de réduction.
☐ Oui ☐ Non

Et tant que vous y êtes, vous avez un *pinboard «Que m'offrir pour mon anniversaire»*.
☐ Oui ☐ Non

Vous êtes le *mayor* de vos toilettes.
☐ Oui ☐ Non

Vous ne regardez certaines émissions télé que si vous êtes en même temps sur Twitter sinon cela ne représente aucune espèce d'intérêt (#MaP, #controverse, #C1Chef, #TheVoice, #tvvv...) ou à l'inverse, vous regardez certains programmes télé avec l'impression d'appartenir à une communauté (#lgj, #effetpap....).
☐ Oui ☐ Non

Vous angoissez si votre Klout est repassé sous la barre des 45. Vous jubilez extatiquement s'il dépasse le 62.
☐ Oui ☐ Non

Vous connaissez mieux vos statistiques de fréquentation que l'état de votre compte en banque.
☐ Oui ☐ Non

Vous vous levez plus tôt pour nourrir votre aquarium virtuel et vous occuper de la saine gestion de votre ferme. Il est d'ailleurs tant de récolter vos zombies avant de donner quelques points cool.
☐ Oui ☐ Non

C'est grave, docteur? Totalisez le nombre de 'oui'.

Résultats:

Entre 0 et 3: vous ne comprenez même pas le sens de ces affirmations. Les media sociaux n'ont encore ni révélé leurs secrets, ni envahi votre vie.

Entre 4 et 7: vous avez une activité sur l'un ou l'autre media social. A priori, Facebook et LinkedIn. Vous appartenez aux 175 millions de personnes sur LinkedIn et au quasi milliard d'utilisateurs actifs mensuels de Facebook. Tout va bien. Vous êtes dans la normalité la plus... normale.

Entre 8 et 12: vous avez souri à plusieurs reprises en pensant «*ho, moi aussi*». Il vous reste néanmoins une latitude d'apprentissage et ça, c'est amusant. Un peu *addict* quand même, mais vous gérez.

Entre 13 et 15: On se connaît? C'est quoi votre @? On peut teamuper nos pearltrees? Allez, on se twitte bientôt!

CHAPITRE 7

Démanteler les usines à gaz

« Un problème ne peut être résolu avec le même esprit qui l'a créé »

Albert Einstein

Nous voilà à présent parvenus au chapitre où, si j'avais été épargnée jusqu'ici, je risque de me mettre à dos les fournisseurs de services RH et de solutions ICT accompagnées de consultance à haut prix. Mais je le dis: après toutes ces années passées dans l'univers RH, il m'apparaît désormais évident que, sous prétexte:

1. d'être un partenaire du business,
2. de nous trouver régulièrement dans l'incapacité de fournir des indicateurs de performance cohérents et fiables,

nous excellons dans l'art de construire des modèles inefficients, onéreux et dévoreurs de ressources financières, ICT et humaines. Et plus je partage mes sentiments avec mes collègues, plus je vois naître l'espoir dans leur discours: «*imaginons un monde sans pesanteurs administratives, sans systèmes kafkaïens, sans interface grise et bleue.*»

Car, je dois me rendre à l'évidence, je n'ai encore jamais connu la chance de voir fonctionner 'pour de vrai' – et non en mode démo lors d'une présentation commerciale – un seul système délivrant à lui tout seul:

- une gestion intégrée des informations relatives aux données du personnel et au temps de travail, le tout lié à la paie; avec des modules d'ESS et de MSS[67] efficaces et un reporting personnalisable, simple à l'usage tant pour le collaborateur et son responsable hiérarchique que pour les RH;
- une gestion des compétences, généralement liée à la gestion de la performance, qui délivre des plans de développement adéquats et surtout réalisables compte tenu des contraintes budgétaires et temporelles du business;
- une gestion des talents cohérente par rapport au processus d'évaluation et à la performance, dont les plans de succession et de développement soient totalement intégrés et, là aussi, liés à la paie;
- une gestion des connaissances qui ne se réduise pas à l'enregistrement de chacune des tâches effectuées en oubliant au final la valeur ajoutée censée apportée par l'information collectée.

Tout cela me donne finalement à penser que les ressources humaines sont les champions du monde du développement industriel de l'auto-

67 ESS: Employee Self Service (encodage de ses données par l'employé) et MSS: Management Self Service (contrôle, validation et reporting par le management)

matisation de la fonction RH, probablement en concurrence avec le département des ventes et leur CRM[68].

Dommages collatéraux

En général, nos systèmes se complexifient tellement qu'ils en deviennent ingérables et ne créent que frustrations. Les raisons invoquées pour leur inefficacité sont nombreuses. Résumons-les en quatre points (interfaces, standards, données et attentes), sans volonté de nous montrer exhaustifs:

1. les systèmes ne se parlent pas et les **interfaces** sont difficiles et onéreuses à développer. De plus, le développement de ces interfaces incombe en général au client et non au fournisseur de la solution. Cela se traduit directement par l'engagement de développeurs IT (en consultance ou comme salariés de l'entreprise) qui, de CDD en CDD, vont finir par servir l'organisation pendant plusieurs années. Cette faiblesse se révèle d'autant plus frustrante que l'installation d'un HRIS (ou SIRH en français) vise précisément l'optimisation des processus, l'ajout de valeur et l'amélioration du célèbre ratio 'personnel opérationnel' / 'personnel de support' en diminuant le nombre d'équivalents temps plein actifs sur ces tâches.
2. les systèmes **standards** qui communiquent avec ceux du département Finances (et généralement imposés par ce dernier) sont généralement proposés par des fournisseurs au core business éloigné des ressources humaines puisque généralement conçus pour lier les activités de production, vente et comptabilité. Il existe donc une probabilité élevée que leurs processus ne correspondent pas à l'organisation RH. Et qu'ils ne communiquent pas aux systèmes déjà en place (congé, primes, système de paie pour ne nommer que les principaux).

   Vous nourrissez l'ambition de cauchemarder et de haïr votre job, de bouleverser les accords que vous avez patiemment négociés et obtenus avec les syndicats? Alors lancez-vous dans un Peoplesoft, un SAP ou tout autre grand acteur du marché: un bonheur sans fin garanti sur facture; en réalité bien sûr, le meilleur moyen d'aboutir à une gigantesque et indigeste tambouille. Evidemment, ces grandes

....

68 Customer relationships management (gestion des données clients, des commandes, des ventes, etc.) Voir glossaire.

entreprises vous assureront que non et vous dépêcheront même pour vous le prouver (au prix fort), des consultants en gestion du changement et des analystes *business* sachant intégrer vos processus à leur système. Tiens? Et pourquoi pas l'inverse: que *leur* système s'adapte à *nos* processus?

3. Les **données** à encoder pour standardiser un système restent infinies, statiques et… éphémères. Si vous connaissez l'art difficile du dictionnaire de compétences, vous savez de quoi je veux parler. L'exercice oscille en général entre l'onanisme intellectuel et le masochisme administratif. Louons certes la volonté d'isoler les 10 compétences-clés d'une organisation et de les traduire en niveau de compétences correspondant au métier/rôle/niveau hiérarchique de l'organisation. Mais cela débouche rapidement sur une matrice à 250 entrées; en soi une véritable usine à gaz.

   C'est sans rappeler que les 10 (ou 5 ou 8, peu importe) compétences-clés de l'organisation doivent assurer, sinon garantir, le développement stratégique de l'organisation et de ses talents durant les 5 à 10 prochaines années. Dans notre mo(n)de économique actuel, je me demande toujours quelle probabilité de réussite un tel modèle peut-il espérer. Et que le responsable RH qui y est parvenu me jette le premier dictionnaire de compétences à la tête!

   Se lancer dans un modèle de compétences, c'est définir les compétences futures à l'instant T et les traduire en comportements (parfois en non-comportements) et en indicateurs de réussite qui assureront l'avenir des organisations. La question essentielle demeure: combien d'ETP l'organisation utilise-t-elle pour développer le tout puis le maintenir à jour? Et quel est l'impact sur la productivité du business? Parce qu'immanquablement, le dictionnaire officiel à peine publié, son heureux rédacteur verra débarquer chez lui un manager lui expliquant par le menu que chez lui, «*Sybille et André constituent des exceptions*» et que par conséquent «*leur cas doit être géré en marge du système.*» Ce que le déjà moins heureux rédacteur va refuser. Ce qui aura l'heur de crisper le manager. Ce qui va décrédibiliser le désormais malheureux rédacteur, gestionnaire de RH et en définitive accentuer son complexe de Calimero (c'est vraiment trop injuste). Mais surtout… ce sera mérité!

4. Les **attentes** de l'organisation (rationalisation, globalisation, 'simplification', pensée unique) s'opposent complètement aux desiderata et sentiments des talents (individualisation, personnification, réticence au changement, à l'effort, etc.).

   L'instantanéité des informations (quels que soient le canal et le format) et l'exigence du Zéro défaut (sachant que l'erreur est humaine) constituent le seul socle sur lequel organisation et talents peuvent s'accorder. Il en faudra des heures de développement pour que les rapports fournis satisfassent les attentes respectives:

- reporting, indicateurs de performance ou rapport global / détaillé dans le chef de l'organisation;
- reporting par équipe, personnalisée dans le chef du responsable;
- informations personnelles, accessibles, modifiables et personnalisables, dans un environnement KISSSS dans le chef du talent.

On arrête les frais... ou on ajoute quelques surcoûts? Autres dommages collatéraux:

- il y a fort à parier qu'entre le moment de la prise de commande et celui de la livraison, le système ait été mis à jour et que des frais supplémentaires de développement ou de licences soient imputables. Et donc imputés... Surcoût assuré.
- D'une part, l'organisation bouge et d'autre part, elle manque malheureusement souvent d'architectes business et IT pour assurer un minimum de stabilité et de cohérence entre les différents systèmes. Là encore, surcoût assuré.
- La mise en œuvre de ces projets (très) souvent lassante donc décourageante finit par user les nerfs des plus aguerris. En conséquence, la vitesse de rotation des équipes en charge du projet risque de s'emballer. Résultat? Surcoût assuré.
- les besoins du business, de l'organisation et des individus évoluent constamment. Toutefois, les systèmes demeurent statiques vue l'ampleur des frais à engager pour les personnaliser et les paramétrer. Ici, nous avons le choix: frustration assurée ou surcoût assuré.

Si tout le monde le fait et que tout le monde se tait, ce n'est peut-être pas si inutile...

Il existe tant de sujets qui font hausser le ton mais pas les actions, hormis quelques passionnés de la cause: la faim dans le monde, l'esclavage moderne des êtres humains et des enfants, l'excision, l'extrémisme, la pollution, le monopole abusif des institutions financières, les bonus des traders, l'envolée des prix du pétrole, la corruption, les OGM, les investissements publics inutiles, le niveau des impôts, la politisation des administrations publiques, le cumul des mandats, etc.

Les systèmes intégrés en RH, la gestion des compétences, des connaissances… tout cela relève de la même dynamique (ou absence de dynamique): personne n'est content, tout le monde se plaint, tous préféreraient vivre sans, ou alors jouir vraiment d'un système qui fonctionne. Or, cerise sur le gâteau, je précise que ce business génère plusieurs milliards de dollars par an pour le monde de la consultance.

A l'inverse, combien de ces sociétés de consultance feraient faillite si l'on en revenait aux fondamentaux? En confessant que la plupart de ces systèmes ne délivrent finalement que trop peu par rapport à ce qu'ils sont censés apporter au business, combien de DRH auraient le courage de se mettre ainsi en danger? Et combien de sièges à la table des comités de direction se sont-ils gagnés grâce à l'introduction de ces systèmes?

Critiquer, c'est bien. Proposer, c'est mieux.

OK. J'arrête, je pense que vous savez où je me situe. Si l'on peut si peu, que faire alors? Plutôt que de chercher le «loup blanc» (celui dont tout le monde parle mais que personne n'a vu), je propose de revenir tout simplement à la question fondamentale mais néanmoins essentielle et critique: de quoi le business a-t-il besoin pour atteindre ses objectifs? Il revient au comité de direction de répondre à cette question et/ou de valider les réponses apportées à celles qui suivent:

Indicateurs (de performance)

- quels sont les indicateurs (de performance) RH que le Conseil d'Administration veut piloter?
- quels sont les indicateurs (de performance) RH que le Comité de Direction veut piloter?
- quels sont les indicateurs (de performance) RH que le Middle Management veut piloter?
- quels sont les indicateurs (de performance) RH que le département RH veut piloter?
- quels sont les indicateurs (de performance) RH nécessaires pour optimiser le bilan social de l'organisation et son rapport annuel?

Gestion de projet

- l'organisation souhaite quel niveau d'automatisation?
- quel niveau de standardisation cela requiert-il?
- quel niveau d'adaptabilité aux réalités locales retenir (notamment pour les multinationales avec un *corporate* et une politique de centralisation)?
- quel investissement consentir pour quel ROI et quel «pay back period»[69]?
- combien d'ETP dégager de tâches administratives ou transactionnelles à moindre valeur ajoutée pour allouer à des tâches à plus haute valeur ajoutée? Attention, la réponse à cette question implique de détailler et valoriser l'évolution de compétences nécessaire car on ne transforme pas automatiquement un assistant administratif en expert du développement du leadership.

Gestion comptable

- Quels liens critiques mettre au jour pour alimenter convenablement le système comptable de l'organisation?
- Parle-t-on de comptabilité analytique ou de comptabilité générale?
- Jouir d'un système totalement intégré, par rapport à une gestion sous plateforme diverses des différents processus RH, apporte quelle valeur ajoutée à l'organisation?
- Quel est le rapport:
  - coût / risque (si on n'y recourt pas)?
  - coût / opportunité (si on y recourt)?
  - bénéfice / coût?

Les réponses à ces questions offrent un premier contour des spécifications du projet d'automatisation à mettre en place au sein de l'organisation. Il reste indispensable de toujours maintenir cette vue aérienne englobant les connexions nécessaires entre les systèmes et le retour sur investissement du projet.

Et ce qui vaut pour les systèmes informatiques vaut pour la définition des processus. En alignant son organisation RH sur le principe de responsabilisation et de liberté des collaborateurs, les niveaux de contrôles inutiles sautent pour ne conserver que ceux qui bénéficient réellement

69 durée nécessaire à la rentabilité d'un investissement

à l'ensemble. Il est parfois juste effarant de constater le nombre de niveaux de contrôles progressivement greffés ou ajoutés sous l'autorité d'un(e) petit(e) chef complètement paranoïaque; ou bien parce que les processus ou les formulaires se sont figés quand l'environnement, lui, a changé.

Attention, que l'on me comprenne bien: je ne prône aucunement le retour aux formulaires papiers pour justifier des prestations ou un dépôt de salaire sur son compte bancaire en fin de mois (j'ose espérer que mes amis lecteurs français ont abandonné le paiement par chèque). Je suis simplement convaincue de la capacité d'obtenir des résultats bien plus probants avec un mode quasi 'artisanal' qui tienne la dragée haute aux usines à gaz que l'on tente de nous vendre. En tout cas, en prônant une fois de plus une approche KISSSS et ciblée pour répondre aux besoins réels du *business*.

Une solution 'industrielle' se justifiera probablement à partir d'une certaine masse critique, par exemple plusieurs milliers d'employés répartis sur de nombreux sites dans des pays, voire des continents, différents. Pour toute organisation située sous ce seuil critique, les solutions simples, agiles et sur mesure demeurent très certainement beaucoup plus rentables.

Somewhere over the rainbow....

Et voilà la bonne nouvelle: je ne suis pas la seule à prêcher la 'fin du mo(n)de industriel' RH. Un nouveau modèle IT explose actuellement comme du pop-corn. J'ai nommé le SaaS: *Software as a Service*. Ce nouveau service informatique signe la fin des coûts de développement, de mise à jour et de maintenance (que même certaines sociétés ICT reconnaissent comme totalement indécents – et cela fait plaisir à lire[70]). L'organisation paie les droits d'utilisation pour un logiciel qui ne délivre de valeur ajoutée que par rapport à son besoin. Le coût final des 2 solutions (système intégré IT et SaaS) est calculé en TCO: *Total Cost of Ownership*[71]. Ce calcul de coût totalement transparent intègre même le cout des salaires des employés et des prestations des consultants dédiés au projet.

....

70 White paper SaaS Economics, service-now.com
71 Coût total de possession (du système)

Une société américaine, Service-Now.com, qui développe du SaaS, estime les gains pour l'organisation à 75% des coûts d'implémentation et d'infrastructure d'une formule classique et de 100% sur les frais de maintenance et de support. L'organisation utilise donc une ou plusieurs solutions intégrables, à condition de développer les interfaces selon ses besoins propres. Cela ne fonctionne pas que pour les seules sociétés américaines puisque des sociétés européennes commencent aussi à proposer de la gestion de talent en Saas[72]. Talentsoft, présent dans 100 pays, leader européen dans la gestion des talents en SaaS, élue meilleure offre Cloud en 2012, compte plus de 2 millions d'utilisateurs.

Une autre petite structure, belge, se démarque également du marché. Forte de seulement 12 personnes, The Talentbox[73] a développé Metrilio, une application web exploitée dans plus de 60 pays. Fruit d'un processus de co-création, cette plateforme s'enrichie au cours de sa mise en œuvre chez ses clients nationaux et internationaux. La solution s'appuie sur les besoins du terrain et sur l'expérience de DRH bel et bien en place dans leurs organisations respectives; et non pas sur le développement théorique d'une solution lourde et éloignée de la réalité des collaborateurs de l'entreprise. Si ne comporter que 12 collaborateurs peut effrayer certains professionnels RH, pour ma part, je vois en ce nombre magique et surtout retreint, une preuve d'agilité et un gage de convivialité de cette solution-client.

- A ce jour, cette solution permet de gérer les données individuelles des collaborateurs, leur CV, les processus de fixation d'objectifs, d'évaluation de la performance et la gestion des talents, tout en intégrant le modèle de compétences et les descriptions de fonction de l'organisation. Les processus qui procèdent de ces concepts sont tout simplement KISSSS. Malgré la diversité des modèles de compétences sur le marché, la solution Metrilio s'adapte à chaque réalité en quelques clics.
- L'implémentation de l'interface – totalement basée sur les besoins de l'organisation (suffisamment rare pour le souligner) prend de deux à cinq jours. L'organisation peut personnaliser l'ensemble de l'apparence et des textes afin que l'interface corresponde à son identité graphique et culturelle. Idem, cette opération s'opère simplement et rapidement.

....

72 Communiqué de presse TalentSoft 5 juillet 2012
73 http://www.thetalentbox.com

Les avantages de travailler avec une structure telle que The Talentbox sautent aux yeux:

- La mise en œuvre des processus et les modifications ultérieures sont réalisés selon une technologie ***hot deployment***. Cela signifie que la plateforme reste totalement et constamment en service. En pratique, l'équipe administrative et les utilisateurs finaux ne se retrouvent jamais en 'chômage technique' ou sans accès aux données, contrairement à la mise en œuvre de plateformes SAP, Peoplesoft, etc.
- Le système est ***multi-tenants***, c'est-à-dire exploité par l'ensemble des organisations clientes jouissant de la même technologie d'exploitation. Comme il se doit pour tout compte web totalement personnel et confidentiel, une connexion *https* garantit le même niveau de sécurité que celui des banques offrant à leurs clients un accès web pour la gestion à distance de leur(s) compte(s). Ainsi sécurisé, personne d'autre que le propriétaire et les administrateurs de l'organisation n'a accès aux données personnelles.

Ce système multi-tenants s'appuie sur 3 caractéristiques:

1. une nouvelle technologie offrant une ***même plateforme*** à l'ensemble des clients. Préalablement, comme chaque client possédait sa propre plateforme, une quelconque amélioration du système générique démultipliait d'autant les mises à jour, avec un couperet financier immédiat: chaque client se voyant imputer de lourdes charges (les fameux coûts de *release* ou d'*upgrade*).
   Par ailleurs, le partage d'une plateforme commune ne constitue en rien un problème de sécurité. Salesforce.com, par exemple, la première plateforme SaaS de gestion de clients, recourt à la même technologie pour ses plus de 100.000 clients qui encodent en cœur et en toute sérénité chiffre d'affaires et bases de données client, vendeur, etc.
2. un ***système bi-temporal*** enregistre et conserve chaque action dans la base de données. Voilà qui répond à une inquiétude fréquemment confiée par les organisations syndicales: «*dans la base de données, peut-on à tout moment récupérer l'information récente ou ancienne; et savoir qui a fait quoi et quand?*» La même préoccupation habite les équipes d'audit interne.
3. des ***serveurs entièrement dédiés*** au fournisseur SaaS hébergent la solution de l'organisation cliente. Celle-ci demeure bien entendu propriétaire de toutes ses données; mais sans pour autant devoir

acquérir de coûteux serveurs ni recourir à des ressources internes (IT) pour maintenir le parc informatique ou l'application. Autre avantage: accessible depuis internet, chaque utilisateur peut travailler en *flexiplace* & *flexitime*.

Comme le dit Salesforce, «*les avantages des solutions SaaS sont simples: low cost, low risk, fast results*[74]». Même la Commission Européenne investit largement dans le SaaS, notamment via le projet Européen[75] 'Open-SaaS – *European framework for software as a service*'. L'IWT[76] subsidie cet ambitieux projet R&D 'à la pointe' d'une technologie '*state-of-the-art.*' Et de révolutionnaires et agiles PME comme The Talentbox (comme le monde est petit) y contribuent également.

Ainsi, de solides raisons laissent espérer que le cauchemar sans fin des RH et de leurs collègues ICT & Finances... prenne fin. Car le rêve d'une solution agile, abordable et surtout compatible avec les vrais besoins des organisations se matérialise davantage chaque jour. N'ai-je pas déclaré être porteuse bonnes nouvelles?

....

74 coût et risque faibles; résultats rapides
75 http://ec.europa.eu/information_society/events/cf/ss0911/item-display.cfm?id=7138
76 IWT est l'agence gouvernementale pour l'Innovation grâce aux Sciences et à la Technologie

CHAPITRE 8

Chief Happiness Officer

«Si tu veux être heureux, sois-le!»

Tolstoï

Chief Happiness Officer (CHO): Responsable en Chef du Bonheur

«*Chef, comment allez-vous, chef?*» Chef de quoi? Du bonheur? Le titre de la fonction interpelle. S'agit-il d'une nouvelle lubie? D'une nouvelle mode? Loin de là. La population identifiée des *Chief Happiness Officers* dans le monde reste à ce jour limitée, mais son prestige tend à la hausse: Tony Hsieh et Jenn Lim, initialement Zappos puis Delivering Happiness. Anna Thomas de Loosecubes. Tous occupent une fonction équivalant celle de PDG de leur société.

Il y existe en outre quelques consultants, comme Alexander Kjerulf le plus célèbre d'entre eux, ou des personnalités du monde des affaires ou du monde associatif. Citons Chade-Meng Tan de Google: il est passé d'informaticien à formateur interne en *mindfulness*. Il a rédigé un livre sur sa démarche: *Search Inside Yourself* dont la version française paraîtra en 2013. Et aussi Edwin Edebiri qui gère le projet *I am Happy* aux USA.

Enfin, n'oublions pas notre maître à tous, j'ai nommé Ronald Mcdonald, *Chief Happiness Officer* de McDonald. Non, je rigole! Il ne figure pas sur la liste de Nigel Stonham, le *Chief Happiness Officer* de la ville de Vienne qui décompte tous les CHO dont il a connaissance. Retrouvez-là sur viennahappinessproject.com.

Que partagent ces Chief Happiness Officers?

La fonction n'est pas celle d'un animateur de champ de foire évoluant dans un univers de paillettes au pays des Bisounours. Au contraire, les pieds sur terre, ces managers ont compris que la performance d'une organisation décuplait lorsque ses collaborateurs se sentaient heureux au travail. Ils s'autoproclament donc «*garants des conditions organisationnelles propices au bonheur des collaborateurs, à leur épanouissement et par conséquent leurs performances.*»

Pour autant, comment se porter garant, au niveau organisationnel, d'une notion aussi subjective que le bonheur? Convenons-en: votre bonheur n'est pas le mien et vice-versa. Pourtant, le père de la psychologie positive moderne, le Dr Martin Seligman[77], et ses confrères, ont établi des caractéristiques communes au bonheur individuel:

1. des ***émotions positives***: elles naissent dans notre relation à l'autre ou dans l'expérience que nous faisons des actes posés au moment présent. Elles naissent également dans les projections positives que nous sommes capables d'énoncer par rapport à nos projets futurs, nos ambitions, nos espoirs. Selon Seligman, les émotions positives nous permettent de vivre une «vie plaisante».
2. de l'***engagement***: dans un cadre ludique comme professionnel, l'engagement représente la faculté de se consacrer entièrement au projet que nous poursuivons, à l'objectif et aux tâches que nous nous proposons d'exécuter. Cette attitude mentale, décrite comme un «*flow*» ou flux, capte une concentration maximum de notre part et mobilise tout notre talent et nos compétences dans leur forme la plus maîtrisée. Seligman parle de «*vie engagée*».
3. du ***sens***: l'individu part souvent seul à la poursuite du bonheur. Or, pour atteindre le faîte de leur épanouissement, les êtres humains veulent se sentir utiles, servir une cause bien plus grande que leur seul intérêt personnel. C'est ce que Seligman appelle la vie meaningful, soit «pleine de sens» dans son rendu français.

Ces notions semblent encore éloignées de nos environnements professionnels. C'est pourquoi une autre définition du bonheur, œuvre de l'Association Américaine de Psychologie, dont Seligman fut Président dans les années 2000, a établi les caractéristiques suivantes:

- la ***liberté*** et l'***autonomie***: être responsable de son environnement;
- la ***compétence***: maîtriser les connaissances, le savoir-faire et les attitudes requises pour remplir avec succès une tâche particulière; avoir l'opportunité de maintenir ses connaissances et savoir-faire à jour, avoir la possibilité de les développer;
- la ***connexion***: pouvoir interagir avec les autres et mieux encore, avec les personnes qui ont une valeur ajoutée par rapport aux résultats qui doivent être délivrés; pouvoir collaborer;
- construire sa ***confiance en soi***: recevoir du feedback constructif, consacrer son énergie aux tâches dans lesquelles on excelle, focaliser son analyse sur les éléments positifs et chercher à les répliquer.

77 http://www.authentichappiness.sas.upenn.edu

Les Chief Happiness Officers qui exercent une fonction dans le monde des affaires, de l'institutionnel ou de l'associatif ont donc compris que pour atteindre de meilleurs résultats, fussent-ils financiers, opérationnels ou environnementaux, ils doivent investir dans le bonheur de leurs collaborateurs. Ils portent leurs efforts sur:

- la ***liberté***: environnement de travail flexible, horaire flexible, choix du matériel (BYOD);
- l'***autonomie***: fixation participative des résultats à atteindre, accès aux ressources nécessaires pour atteindre ces résultats;
- la ***compétence***: développer son employabilité, marge de manœuvre et flexibilité dans l'évolution de carrière (congés sabbatiques, pause-carrière y compris pour les hommes, occuper temporairement et volontairement une fonction moins exigeante...);
- la ***connexion***: ouvrir l'accès aux media sociaux, créer et encourager les plateformes collaboratives, les espaces de travail partagés, rendre la hiérarchie accessible...;
- la ***confiance en soi***: faire confiance a priori aux collaborateurs, en les félicitant, en louant les résultats individuels exceptionnels comme la valeur du travail de l'équipe et en gérant l'ego de chacun.

«Le meilleur indicateur de la performance? Le Bonheur» (Richard Branson[78])

Nous en avons discuté ensemble; de nombreuses enquêtes et articles le démontrent: bonheur et performance fonctionnent de concert. Selon l'agence GALLUP, par rapport à des collaborateurs malheureux ou désengagés, les collaborateurs heureux sont:

- 2 fois moins malades,
- 6 fois moins absents,
- 9 fois plus loyaux.

Et rappelons que cette grande entreprise de statistiques, enquêtes et sondages a établi que le coût du désengagement s'élève à 300 milliards de dollars par an, rien qu'aux Etats-Unis! Par ailleurs, d'autres études démontrent l'efficacité accrue des collaborateurs heureux.

....

78 http://www.linkedin.com/today/post/article/20121109141247-204068115-what-s-the-best-measurement-for-success-happiness

Selon Teresa Amabile[79], des employés heureux se révèlent 55% plus créatifs. En outre, en analysant 12.000 entrées d'agenda de 238 professionnels, elle a constaté que les plus hauts gains de performance étaient obtenus lorsque les employés expérimentaient un état qu'ils qualifiaient eux-mêmes de «joyeux, heureux». En poursuivant son analyse sur 64.000 cas rapportés, il se dégage que ces états euphorisants sont plus fréquemment atteints lorsque les employés ont le sentiment (donc subjectif) de progresser.

Shawn Anchor, consultant et auteur réputé sur le bonheur au travail[80], a démontré au travers de ses différentes interventions personnelles l'impact du bonheur sur des indicateurs très business: en moyenne +31% de productivité, +37% sur les ventes et +19% de qualité d'exécution des tâches.

Daniel Sgroi[81], assistant professeur d'Industrie & Organisation à l'Université de Warwick, a scientifiquement expérimenté avec son équipe l'impact du bonheur sur la productivité. Il a d'abord isolé un groupe cible qui a bénéficié d'un traitement «de bonheur» (on leur a projeté des sketches comiques) d'un groupe neutre. Il a ensuite mesuré la productivité de ces deux groupes dans l'exercice d'une tâche. Le groupe heureux a augmenté sa productivité de 10,49%!

Chez Hunter Douglas, une société américaine leader mondial des stores sur mesure, le taux de rotation des équipes de production frisait l'ingérable: 70% des collaborateurs recrutés quittaient l'entreprise dans les 6 mois suivant leur engagement. Le taux de produits inférieurs aux normes de qualité dépassait largement les 5%.

La directrice des Ressources Humaines s'est alors attachée à analyser les causes de mécontentement des collaborateurs: manque de respect, fossé entre les conditions de travail vendues à l'entretien d'embauche et la réalité du terrain, pas d'implication dans les décisions, infantilisation jusqu'à l'humiliation. Après analyse, elle a remédié à ces dysfonctionnements en concentrant ses efforts sur le moral de ses collaborateurs. Les résultats dépassèrent les objectifs initiaux: tandis que le taux de fierté d'appartenance à l'organisation grimpait, le taux de rotation a, quant à lui, plongé à 16%. La qualité des produits s'est renforcée à la grande joie des clients, naturellement.

....

79 http://www.nytimes.com/2011/09/04/opinion/sunday/do-happier-people-work-harder.html
80 http://books.google.be/books/about/The_Happiness_Advantage.html?id=ceYlEs6gT3QC&redir_esc=y
81 http://www.voxeu.org/article/does-happiness-affect-productivity

Puisque nombre de recherches en psychosociologie et témoignages d'entreprises et d'organisations se sont chargés d'établir et de démontrer la corrélation entre bonheur et performance, continuons dans cet ouvrage de souligner l'importance du rôle du Chief Happiness Officer.

Happy collaborateurs, happy leaders… happy clients!

Les collaborateurs heureux se montrent d'agréables collègues, plus actifs, positifs et créatifs pour trouver et mettre en œuvre des solutions en faveur de toute l'équipe. Bref, plus faciles à gérer, ils rendront leurs équipe et leaders plus heureux. Telle une spirale ascendante, ils libèrent leurs leaders désormais plus axés sur des tâches plus nobles et bien plus énergisantes (!) que remotiver des troupes au moral en berne, devenant à leur tour plus productifs, plus créatifs et plus à l'écoute.

Tout ce bonheur au travail se traduira par des produits mieux manufacturés et des services aux clients mieux calibrés. Au final, moins de rebuts durant la production et moins de retour en service après-vente. Et surtout, il n'existe pas de meilleur ambassadeur de la marque qu'un client heureux. Tant mieux, car un témoignage positif ne contrebalance pratiquement jamais un témoignage négatif.

Puisque le bouche-à-oreille demeurera toujours le plus convaincant des discours, alors vive les témoignages positifs, tellement plus crédibles que n'importe quelle campagne de publicité, à plus forte raison si le propos vise l'entourage du client!

De fait, un client heureux:

- accepte de payer plus pour une expérience exceptionnelle (soit liée au produit choisi soit au service qui l'entoure);
- demeure fidèle à la marque bien plus longtemps;
- adopte spontanément la posture d'ambassadeur et de défenseur de l'organisation ou de la marque favorites;
- livre plus spontanément à son entourage son expérience positive (il aime, il le dit).

Et si les employés sont heureux?

- les leaders sont heureux;
- les clients sont heureux;
- les actionnaires le seront aussi.

Gallup l'a aussi démontré: le taux de croissance annuel de la valeur d'action d'une entreprise qui investit dans le bonheur de ses collaborateurs dépasse de 3,9 fois celui de ses concurrents.

«Mort aux gestionnaires des ressources humaines! Vive les *happyculteurs!*»[82] Réaliste?

Est-ce là notre destinée? Mourir quant à notre fonction RH, à force d'actes de mortification, d'auto-flagellation et autant d'autocritiques mal placées? Et pourquoi pas s'il s'agit de renaître de nos cendres, tel le Phœnix, dans un nouveau rôle, celui de cultivateurs de bonheur?

Le gouvernement du Royaume-Uni a confié à City and Guilds (une organisation certes critiquée en Angleterre) la mission d'établir une cartographie du bonheur au travail[83]. Elle a publié ses résultats fin 2012. Il en ressort que:

- 61% des travailleurs apprécient leur travail (soit beaucoup plus que les chiffres produits par Gallup)
- que 14% le détestent;
- que les indépendants l'apprécient plus (85%) que les salariés (58%).

Une question de liberté, d'autonomie, de compétences et de confiance en soi, peut-être? Selon l'enquête, la profession de fleuriste se déclare la plus heureuse (87%). En queue de peloton nous retrouvons:

- les professionnels des ressources humaines (54%, pas si mauvais que ça!);
- devant nos collègues de l'IT (48%);
- et les banquiers (44%). L'argent ne ferait-il définitivement pas le bonheur?

Cette enquête parmi tant d'autres n'autorise pas à tirer de conclusions hâtives. Croisons cependant ces résultats avec une étude de mai 2011 du bureau d'intérim et de consultance RH Randstad sur l'attractivité des professions en Belgique. Il ressort que les RH n'attireraient 'que' 45%

....

82 Expression empruntée à Olivier Clerc http://www.olivierclerc.com
83 http://cityandguilds.com/About-Us/Broadsheet-News/November-2012/Careers-Happiness-Index-2012

des 3.000 personnes sondées. Clairement, à ce jour, les côtés happy et sexy de la profession semblent encore bien cachés.

City and Guilds s'est également penchée sur les caractéristiques du bonheur en entreprise. Sont cités par ordre de préférence:

- la relation entre collègues (84%);
- se sentir utile et apprécié (73%);
- jouir d'une autonomie (69%);
- pouvoir se dépasser et atteindre des objectifs ambitieux (68%);
- utiliser quotidiennement ses compétences (68%);
- travailler dans un environnement apprécié (67%);
- équilibrer sa vie (64%).

Suivent la reconnaissance, la formation et le développement, les primes financières, la flexibilité des conditions de travail.

Prenons acte que tous ces éléments entrent dans le périmètre de la fonction RH. Le bonheur n'est pas dans notre jardin. Le bonheur est notre jardin.

Cultivons-le! Devenons des Chief Happiness Officers!

CONCLUSION

Happy RH, Passionnément RH

« Toi qui fus ma joie et ma douleur, mon ivresse et mon désespoir, sais-je si je te hais ou si je t'aime. Car si je saigne encore du mal que tu m'as fait, je tremble à la pensée du mal que l'on peut te faire! »

Henri de Régnier

Le métier des Ressources Humaines a déjà fait couler beaucoup d'encre et alimentera encore bien des débats. Récemment, sur Twitter, j'ai été interpellée par plusieurs Twittos vis-à-vis d'un article publié par Références.be «*Pourquoi n'aime-t-on pas les responsables RH?*»[84].

Outre l'ingratitude de certaines tâches (prendre les décisions difficiles et annoncer les mauvaises nouvelles) et la suspicion portant sur le métier (se retrancher derrière une compétence juridique pour se déconnecter du terrain), l'article met en avant la dualité du rôle:

- être celui qui donne (engagement) et qui reprend (licenciement);
- se situer entre le 'marteau' de la Direction et l''enclume' du collaborateur;
- se montrer trop humain (selon la Direction) ou pas assez (selon les collaborateurs).

Les invectives sont si nombreuses et constantes qu'elles en érodent l'enthousiasme. D'où une succession de réaction: après la colère, la lassitude, puis le découragement qui vire à l'indifférence ou tourne au Calimerotisme.

Chronique d'une mort annoncée

En septembre 2009, Jean-Paul Erhard, directeur général de mRH, recommandait dans son billet d'humeur du mensuel PeopleSphere, de «*tuer le HR Business Partner*». Selon lui, à force de justifier notre existence, nous décrédibilisons la profession. Nous fragilisons notre position à la table du comité de direction tandis que «*les directeurs de la finance, des chaînes d'approvisionnement ou de la production évoluent dans leur pré carré sans qu'il soit question un instant de se mettre au service inconditionnel du Business.*»

Pour Jean-Paul Erhard, à force de devoir dire 'oui' et 'amen' à tout et à tous pour nous assurer la sauvegarde de notre rôle, nous passions complètement à côté de notre objectif. Il nous encourage dès lors à devenir des «*bêtes féroces*», prêtes à défendre bec et ongles notre rôle d'expert *es-people management*. En mai 2012, il organisait le premier congrès RH entièrement consacré au Bonheur.

....

84 http://www.references.be/carriere/pourquoi-naime-t-on-pas-les-responsables-rh

En 2005 déjà, Keith H. Hammonds écrivait dans Fast Company un article incendiaire «*why we hate HR*[85]». Preuve que le sujet n'est pas neuf. Son réquisitoire était sans appel: la carrière RH n'attire que les mauvais. Son argumentation s'articulait autour de quatre axes:

1. les ***chiffres*** de la filière: une des plus prestigieuses universités US, la Ross School of Business de l'Université du Michigan (son classement ne quitte pas le top 5 des meilleures Business Schools), a publié en 2004 une enquête interne indiquant que seuls 1,2% de ses jeunes diplômés embrassait la 'noble' et mal aimée carrière RH. Et d'en déduire: comment attendre quelque chose de valable de la profession si elle est remplie de «cancres»? (!!!)
2. la ***mentalité*** des professionnels RH: selon lui, la plupart des candidats à la fonction RH (ne) sont (que) de bons samaritains. «*Je veux aider mes collègues; je veux contribuer à un mieux-être dans l'organisation.*» Etre à l'écoute de ses clients internes, fort bien mais qu'en est-il de l'efficacité? De l'anticipation des changements? Du développement de stratégies collant au développement du business? Ce pan entier du métier se trouve soit occulté soit vécu comme un lourd fardeau, un mal nécessaire.

   Pour asseoir son propos, Hammonds avance une enquête de la *Society of Human Resources Management* (SHRM – la plus importante association RH aux US) sur les compétences critiques de la fonction RH. 83% des professionnels sondés jugeaient critiques les cours de relations interpersonnelles, suivis par les aspects règlementaires (71%), la gouvernance (66%), la gestion du changement (35%) et enfin les finances (2%).

   De fait, l'empathie seule ne suffit pas et les professionnels RH manquent souvent d'éléments pour apporter une réponse claire, précise et étayée, aux 3 questions suivantes: «*qui sont nos principaux clients et qu'attendent-ils de nous? Qui sont nos principaux concurrents et que font-ils mieux que nous? Qui sommes-nous, quelles sont nos forces et nos faiblesses?*»
3. la ***vision*** du job: pour Hammonds, les RH ne sont pas au service des personnes mais d'un dossier administratif. Et de clamer que l'existence des professionnels RH ne se justifie que pour constituer un dossier à brandir en cas de problème avec l'employé. La gestion de la performance? Pour établir les éléments de dysfonctionnement. La gestion des compétences? Pour prouver que l'organisation a tout

85 «Pourquoi hait-on les RH?» > http://www.fastcompany.com/53319/why-we-hate-hr

fait pour mettre l'employé dans une situation de succès: formation, coaching, mission particulière.
Et si ça tourne mal? Les RH n'ont qu'à se réfugier derrière les défenses administratives et leurs multiples réglementations existantes. Dès lors, sous l'autorité conférée par leur rôle de garant du système et de ses règles, ils doivent taire tout sentiment au profit d'une application sèche et autoritaire des mesures en vigueur dans le cas concerné.

4. La ***méconnaissance*** du business: toujours selon Hammonds, les professionnels RH doivent remplir leurs rôles de recruteurs, payeurs et formateurs. Point à la ligne. De toute façon, pratiquement aucun n'a l'oreille de son CEO. Qu'ils osent parler de stratégie, ils se feront rabroués illico presto sous prétexte qu'ils n'y connaissent rien (c'est souvent le cas, confessons-le). Au lieu de rêver d'employabilité et d'épanouissement des collaborateurs, qu'ils rêvent donc aux problèmes du business et aux compétences personnelles contribuant à la solution.

Hammonds déteste les RH. C'est clair, net et sans appel. Je vous ai juste livré la partie réquisitoire car en bon professionnel, il a bien entendu pousser l'exercice en interviewant des grandes figures du milieu RH. Ainsi, Lynda Gratton (London Business School), Libby Startain (ex-Southern Airlines & Yahoo) nous livrent leurs judicieux conseils pour aider les professionnels RH à dépasser leur propension à s'automutiler.

Mais huit ans plus tard, le même constat se réitère: les RH manquent de crédibilité, d'agilité, de souplesse, d'anticipation et de vision stratégique.

Je t'aime, un peu, beaucoup, passionnément...

Pour transformer voire réinventer leur métier, les professionnels RH possèdent une marge de manœuvre à la fois vaste – puisqu'il subsiste toujours un doute sur la légitimé de la fonction – et très étroite – étant donné le nombre impressionnant de parties prenantes. Connaissant les intérêts divergents des uns et des autres, qui de la chèvre ou du chou faut-il ménager le plus? Rarement une fonction du Comité de Direction n'aura eu autant à justifier sa légitimité.

Tenez: avez-vous déjà entendu parler d'un *Finance Business Partner*? Ou d'un *IT Business Partner*? Alors pourquoi insister sur un '*HR*' *Business Partner*? J'ai longtemps hésité à créer un chapitre «*Qu'en pense les CEO?*». Mais non, car en soi, le CEO ne vaut pas plus que le Comité de Direction dans son ensemble; ni plus que les employés dans leur ensemble; ni plus que le middle management dans son ensemble; ni plus que les syndicats, les fournisseurs de service RH, les administrateurs de société, etc. Ni plus que bien d'autres acteurs du business!

En mars 2012, PeopleSphere, le premier magazine belge des People Managers, a établi un 360° de la fonction RH en interviewant des représentants de chaque partie prenante. Le rédacteur en chef Christophe Lo Giudice en tire un constat[86] dur à avaler pour la plupart des professionnels du métier. Il est dur, mais il est juste:

- Le DRH a sa place au Comité de Direction mais doit prouver qu'il a matière à la garder;
- Le DRH est tiraillé dans ses différents rôles et le premier qu'il doit continuer à assumer est celui de la paie. Les services peuvent être externalisés mais en aucun cas la responsabilité du bon fonctionnement de ces services;
- La fonction RH va largement au-delà de la paie et de l'administration mais elle tend également, dans son rôle à plus haute valeur ajoutée, à mettre en œuvre des outils complexes qui, par manque d'ergonomie, ne sont pas utilisés;
- La fonction RH *people manager* se partage entre le responsable hiérarchique et les équipes RH, avec le risque que ces dernières s'enferment dans une tour d'ivoire;
- Les titres changent, la fonction reste. De Directeur du Personnel au *Chief People Officer*, l'accent sur l'organisation reste indubitablement absent. Le titre «Responsable *People & Organisation*» comme dans le secteur public belge en devient-il pour autant une solution miracle?
- Le DRH se transforme en couteau suisse (communication, RSE, 2.0, gestion de projet...) et doit multiplier les facettes de son expertise, ce qui n'est pas sans créer de la frustration aussi bien dans le camp des RH que dans celui du business;
- Le DRH doit aussi assumer le rôle de pompier. Mais à force d'éteindre des incendies, il n'a plus le temps de faire de la prévention (stratégie);

....

86 Christophe Lo Giudice, «Ames sensibles s'abstenir», édito du PeopleSphere n° 161; Mars 2012

- le DRH oublie de vendre ses initiatives, de les rendre attirantes pour ses clients internes. Les techniques de marketing lui sont en général inconnues dans son activité au quotidien;
- le DRH ne parle pas le langage du business. Il peine à fournir des indicateurs de performance fiables; ceux-ci demeurent trop «financiers»;
- Enfin, le DRH est soit trop Calimero, soit trop imbus de son importance dans l'organisation.

J'adhère totalement au résumé de Christophe Lo Giudice. C'est pourquoi il me semble si vital d'avancer une autre façon de pratiquer les «Ressources Humaines». Celle où RH ne signifie pas: «Responsable Horrible», «Rarement Humain» ou «Régulièrement Haineux». Mais celle où le bonheur de chacun et la performance de l'organisation sont (re)mis au centre des préoccupations de l'entité.

Une autre façon de faire des RH... au service de l'organisation et des hommes & des femmes qui la composent; pas dans le simple but de les maintenir en emploi. Une façon qui nous rende fiers et heureux d'appartenir à la communauté des People Managers. Je rêve d'une évolution du métier vers le rôle de Chief Happiness Officer abordé au chapitre 8.

Je partage d'autant mieux cette analyse que se profilent quelques tendances de fond qui vont nous aider à faire progresser notre rôle, ainsi que nous l'avons discuté ensemble. Résumons-les.

1. Kill HR! Long live the *People Management*

Quel est le pourcentage d'activités HR en interne dont le rendement pour le business se révèle inférieur à l'énergie dépensée par l'équipe RH? Traduction: quelles sont les usines à gaz RH? Identifions-les puis fermons-les. Ou lors, démantelons les parties inutiles et externalisons les tâches nécessaires (ex. la paie).

Nous devons concentrer les compétences de nos talents sur le renforcement des compétences en people management: encadrement des équipes, développement de leaders inspirants, développement de talents, monitoring des indicateurs RH contribuant directement à l'essor du business et donc, à une plus grande satisfaction des parties prenantes externes *et* internes.

Quitte à penser Stakeholders, visons SPICE[87]: Société, Partenaires (internes/externes), Investisseurs, Clients/Citoyens, Environnement. Quitte à vouloir nous positionner comme partenaire du business, osons demander au business ce qu'il attend de nous. Et mieux: analysons nous-mêmes la situation et montrons-nous proactifs dans la formulation de solutions.

2. MaRHketing

De la gestion administrative du personnel en passant par une supervision des directeurs financiers, puis à la direction de ressources humaines, les RH trouvent maintenant de quoi s'occuper seuls pour des siècles et des siècles: gestion de compétences, un HRIS hyper complexe et non intégré, des KPI qui n'intéressent personne ou presque… Les exemples pléthoriques abondent.

Outre le KISSSS, nous autres développeurs de patrimoine humain devons nous intéresser au maRHketing, c'est-à-dire aux règles marketing (marché, cible, segmentation, 6 'P'[88], CRM, enquêtes de satisfaction, etc.[89]) appliquées aux principes de gestion des ressources humaines. Cela nous conduira à nous intéresser à ce dont nos clients s'intéressent. Parce que oui, tout part d'eux… Et si nous pouvons ensuite nous inspirer de ce que fait le marketing pour assurer la promotion de nos propres produits et services, le niveau d'adhésion n'en sera que meilleur.

3. Bonheur et Performance

2013 sera l'année du Bonheur ou ne sera pas. Tous les media s'y mettent. Harvard Business Review a fait du *Happiness* son thème de janvier-février 2012. mRH (leader et agitateur belge en communauté RH) a organisé son congrès annuel sur le thème du Bonheur.[90] Des organisations comme Zappos, pourtant *simple* vendeur de chaussures en ligne, font du Bonheur leur *core business* (vendre des chaussures *online* se transforme en une expérience du bonheur – *delivering happiness*).

…….

87 Acronyme signifiant 'épice' en anglais, le genre d'approche qui 'relève' le débat et ajoute du 'piment' au métier.

88 Voir page 37

89 http://prezi.com/vfl5eprychv5/mahrketing/

90 http://www.mrhcongress.com/

En juin 2012, les Nations Unies ont voté une résolution décrétant le 20/03/2013 «Journée Internationale du Bonheur». Très logiquement, la première journée du Bonheur (@BEhpd, #BEhappyday) s'organise le 20 mars 2013 en Belgique. Elle poursuit l'objectif de rassembler un maximum d'organisations qui promeuvent le bonheur auprès de leurs salariés, de leurs clients et de leurs partenaires. Les bonnes pratiques s'échangent désormais sur les communautés des media sociaux et dans les pages des partenaires media.

Des auteurs, à l'instar d'Isaac Getz[91] et son ouvrage Liberté et Cie, publient des livres qui traitent de liberté, de bonheur et de performance. La télévision s'y met aussi: FRANCE 2 a lancé une émission *prime time* mensuelle «*Leur secret du Bonheur*». Du plus intello au plus racoleur, tout le monde veut sa part de bonheur. Pourquoi? Mais parce qu'en économie comme partout, le bonheur contribue à la performance (chapitre 8).

L'équation «Liberté + Responsabilité = Bonheur + Performance» assure le succès quotidien des organisations qui osent travailler autrement. Puisque le Bonheur procède d'un mouvement de fond capable de construire une performance pérenne, alors pourquoi s'en priver?

4. KISSSSification

«*Keep It Simple, Straight-to-the-point, Sustainable and Sexy.*» Gardons les choses simples, directes, durables et sexy. La diminution constante des ressources (finances, talent, temps...) de chaque organisation va nous pousser à simplifier nos processus, nos modes de décision, nos modes de délégation.

Il est temps de penser au *paperless* (la réduction drastique de l'usage de papier grâce à l'informatisation des tâches), à la digitalisation, à la suppression des contrôles inutiles. Simplifions-nous la vie et laissons souffler nos collaborateurs, nos clients, nos fournisseurs. Faisons mieux avec moins. Dans un monde toujours plus volatile, incertain, complexe et ambigu, devenons agiles! Nous y gagnerons en résilience et en crédibilité.

....

91 http://liberteetcie.com/

5. Faire confiance

Les gourous du management se gargarisent de motivation. Comment motiver ses troupes? Comment motiver son collaborateur, son boss? Je suis convaincue qu'il n'existe qu'UNE SEULE personne pour nous motiver: nous-mêmes! Le reste n'est que du vent.

Par conséquent, un des principaux rôles du leader consiste non pas à motiver mais à faire confiance. S'il accorde sa confiance a priori, il placera ses collaborateurs dans un contexte favorable à l'esprit d'entreprise et d'innovation, à la productivité et donc, à l'acquisition du bonheur.

Par extension, les collaborateurs eux-mêmes accorderont leur confiance à leurs collègues et à l'organisation et y puiseront en retour des sources de motivation. Confiance, transparence, respect: ces mots-clés doivent désormais s'inscrire dans l'agenda des années à venir pour créer une culture d'entreprise positive, optimiste et pérenne.

6. nWOW, les nouveaux mondes du travail

La technologie fait désormais partie intégrante de notre environnement professionnel. Et une partie importante de notre économie est réalisée par les «travailleurs du savoir», ces employés dont le job consiste à s'alimenter d'information pour mieux en produire. Leur fonction ne dépend pas intrinsèquement d'un lieu d'attache. Selon les objectifs fixés au sein de l'équipe, ils peuvent donc choisir où, quand, comment travailler et vivre au quotidien.

Les nouveaux modes de travail qui s'appuient sur la confiance mutuelle ont démontré leur efficacité et l'ampleur des économies à réaliser sur les coûts de location, de maintenance, d'énergie et de transports. Mais leur impact touche aussi la satisfaction et l'engagement au travail, l'attraction et la rétention des talents, la loyauté, la circulation de l'information, la fluidité de la communication.

Il *suffit* d'oser montrer l'exemple. Oser abandonner ses attributs de pouvoir (volume du bureau, nombre de fenêtres, volume du mobilier, imprimante et autres équipements nominatifs) pour entrer dans un nouveau monde où la performance et le bonheur sont érigés en mission de l'organisation. Certes, abandonner une partie de son égo comporte un coût personnel, mais le bénéfice pour l'organisation n'a pas de prix.

7. Les media sociaux

En 2018, une nouvelle génération débarque sur le marché de l'emploi. Une génération née avec la connexion Wi-Fi et un iPhone dans les mains. Ces jeunes pour qui les techniques de communication *chat* et *post* ne riment ni avec animal de compagnie ni avec courrier postal. Ces jeunes possèdent des 'amis' aux 4 coins du globe. Pour eux, le pouvoir ne consiste pas à retenir l'information mais bien à la partager.

Dans 5 ans, demain, ces jeunes vont débarquer dans l'univers professionnel. Si nous imaginons les attirer par des annonces dans le journal, les priver de media sociaux et de connexion internet sur leur lieu de travail, il faudra rapidement revoir notre copie au risque de voir notre organisation se vider plus vite qu'un verre d'Aperol Spritz en été.

8. RSE & Patrimoine Humain

Créer de la valeur ajoutée pour les actionnaires constitue la raison même de notre monde capitaliste. Et créer de la valeur ajoutée pour la société civile constitue la raison même de la Responsabilité Sociétale des Entreprises (RSE). La RSE s'adresse aussi bien au secteur privé que public. A cette fin, assurons-nous de la transparence, de la cohérence et de l'éthique des approches managériales, sociales et environnementales de notre organisation.

Malheureusement, ce mode de management se réduit encore trop à une simple stratégie marketing de conquête de réputation. La RSE va pourtant beaucoup plus loin qu'une conscience écologique (ce qui en soi est déjà un progrès). Elle ne se résume pas et se contient encore moins dans la rigidité normative de l'ISO26.000.

La RSE doit figurer en tête de l'agenda des RH. Parce que nous avons hérité de notre prédécesseur ni de simples ressources humaines ni juste un capital humain mais bien un Patrimoine Humain à faire fructifier avant de le transmettre à notre successeur. Voilà notre devoir en tant que Gestionnaire de Patrimoine Humain.

9. Le mouvement co-

Si pour vous, l'innovation constitue une priorité et que le développement de nouveaux produits et services figure en bonne place sur l'agenda de l'organisation, adopter alors le «CO-» deviendra votre stratégie.

- ***Co-mission***: impliquez les parties prenantes dans la définition de leur mission. Il faut arrêter d'urgence de définir les vision/mission/valeurs depuis une tour d'ivoire à l'abri de toute critique directe provenant du terrain.
- ***Co-création***: impliquez vos clients dans la définition des processus et des services.
- ***Co-production***: impliquez les clients dans la production de valeur ajoutée (délégation de certains rôles vers les leaders, ESS/MSS dans le cadre d'un système d'information, etc.).
- ***Co-working***: ouvrons nos environnements de travail à des personnes extérieures à nos services (oui, oui, même en RH, cette matière tellement confidentielle) et travaillons de concert, en échangeant de l'information (non sensible bien évidemment).

10. Don't manage. Love!

Et enfin, apprenons non pas juste à gérer mais surtout à aimer ceux qui partagent notre vie professionnelle au quotidien. Ça fait très *Peace & Love*, je sais. Ça fait rire (ou ricaner) certains, je sais. Mais croyez-vous que Michael Schumacher (l'employé), Ferrari (l'employeur) et Jean Todd (le N+1, le boss) auraient été champions du monde des pilotes à 7 reprises, record toujours inégalé) et des constructeurs à 16 reprises (dont 7 fois en 10 ans) s'il n'y avait dans leur relation professionnelle que des clauses de contrat, des KPIs, des droits et des devoirs? Je me demande toujours ce qui nous retient de suivre leur exemple... A méditer.

Au cours de ces chapitres, nous avons donc vu que nous pouvions abandonner définitivement le rôle de gestionnaire de personnel pour endosser avec bonheur celui de Chief Happiness Officer. De gardien de la règlementation et de la paie, nous devenons garant des conditions qui rendent nos collaborateurs heureux et notre organisation performante.

L'équation «Liberté + Responsabilité = Performance + Bonheur» devient la fondation du succès de nos organisations, insufflant une culture positive, engageante et collaborative. Nous plaçons ainsi nos organisations en pole position dans la course au recrutement des talents.

Nous avons constaté pouvoir recourir aujourd'hui à de nombreux outils déjà disponibles pour embrasser avec assurance et sécurité le «monde de demain»: media sociaux, HRM2.0, SaaS, BYOD, nWOW..., avec des coûts d'implémentation faibles et des ROI rapides et mesurables.

Nous avons également apprécié que nos compétences puissent se développer bien au-delà du package RH classique: droit social, paie, formation, gestion de projets, gestion des compétences..., j'en passe et des moins bons. Alors:

- Inspirons-nous des compétences-clés des CEOs qui définissent la stratégie et gèrent un réseau à haut niveau.
- Développons les réflexes des financiers en pensant indicateurs de performance, gestion du *cash-flow* et ROI pour chacun de nos projets.
- Devenons les architectes de nos environnements de travail; devenons les *facility managers* qui délivrent des services en ligne avec ces nouveaux types d'environnement de travail. Nous sommes parfaitement bien placés pour cela.
- Appliquons les méthodes de nos collègues du marketing pour définir le développement de nos produits et services RH.
- Responsabilisons-nous dans la communication interne et externe de l'organisation, pour nos domaines et matières concernés.
- Approprions-nous les media sociaux et construisons des communautés virtuelles, au risque de nous faire un peu traiter de *geek*;
- Rendons nos collaborateurs plus performants; contribuons au succès durable de l'organisation. Comment? En devenant les cultivateurs du bonheur!

Aussi, quels que soient nos choix et décisions en rapport avec les enjeux de notre noble métier (tuer les RH pour incarner le Patrimoine Humain); quel que soit l'esprit dans lequel nous abordons notre organisation et nos collègues; quoi que nous proposions de concrétiser dans le futur; dès aujourd'hui, tout de suite, rayonnons de bonheur autour de nous. Parce que nos collègues et nos proches le valent bien.

Et, chers amis, nous ne sommes qu'au début. Le meilleur reste toujours à venir...

«Le bonheur est la seule chose qui double si on le partage.»
Albert Schweitzer

GLOSSAIRE – dédié à ma maman

des ACRONYMES, SIGLES, IDIOMES et autres JARGONS français, anglais et franglais.

2.0: voir Web 2.0.

Activity-based costing (ABC): la méthode ABC procède du constat qu'il est plus utile de piloter un coût que de simplement le calculer. Cette méthode de gestion de la performance permet donc de comprendre la formation des coûts et les causes de leurs variations.

Ad hoc: locution latine signifiant: «*qui va vers; ce vers quoi il doit aller*». Par extension: «*formé dans un but précis*». Exemple: une réponse ad hoc. En business, l'expression résume l'idée suivante: «*de la manière qui convient, parfaitement calibrée pour le rôle conféré*».

Adhocratie: ce néologisme désigne une configuration particulière d'organisation pour mobiliser toutes les compétences diverses et transversales nécessaires à la réussite de missions précises. Ici, l'expression ad hoc sous-entend que les profils retenus sont si orientés vers la mission à accomplir qu'ils bénéficient d'une grande autonomie d'action, libérée des pesants clivages hiérarchiques habituels.

Alumni: (association des) anciens étudiants / membres d'une université ou d'une organisation.

Appreciative inquiry: littéralement «*enquête appréciative*», l'expression désigne une analyse positive et constructive des personnes et des situations afin de changer en mieux une organisation. Plutôt que de se concentrer sur des éléments négatifs ou sur des dysfonctionnements, il s'agit, sur base d'un dialogue avec les collaborateurs, de distinguer pour les renforcer les points positifs d'un projet, d'un processus, d'une évaluation, etc.

Armée mexicaine: en référence à l'armée révolutionnaire mexicaine composée de paysans pauvres sans formation militaire. Par extension, une organisation incohérente où chacun occupe un poste honorifique mais dénué de capacité de direction.

Baby-boomer: toute personne née durant le pic de natalité (d'où l'expression) qui suivit la fin de la seconde guerre mondiale. Typiquement, la génération née entre 1945 et 1960 ayant bénéficié du renouveau économique jusqu'au premier crash pétrolier de 1973.

Benchmarking: analyse comparative des modes et techniques de gestion d'une autre organisation (souvent similaire ou concurrente) afin d'en dégager des plans d'actions ou, dans le cadre de la rémunération des employés, un positionnement salarial de l'organisation sur le marché de l'emploi.

Best-in Class: le plus haut niveau de performance dans une industrie ou un secteur d'activité, utilisé comme standard ou *benchmark* (lire par ailleurs) à atteindre et dépasser.

Bisounours: contraction des deux mots 'bisou' et 'nounours'. Dans les années 1980, une ligne de jouets en peluche populaires, *the Care Bears*, fait un malheur. Le mot s'est glissé dans le langage courant pour désigner un individu coupable de naïveté ou de candeur excessive. Ceux qui prêtent à quelqu'un le sentiment de toujours évoluer mentalement dans le «*monde irréel, bel et bon de l'enfance*» le fustigeront sans doute d'un lapidaire «*on n'est pas au pays des bisounours*!»

Blockbuster: synonyme de super production et/ou film à succès.

Blog: un site web abordant une thématique précise, tenu à la manière d'un journal de bord. De nouveaux articles ou billets généralement succincts rendant compte d'une actualité précise se succèdent périodiquement dans un ordre antéchronologique, avec date de parution et signature de l'auteur.

BOID: *Business-Owned Internet Device* aussi appelé *Inverse-BYOD*, c'est-à-dire à l'opposé du BYOD (lire par ailleurs). Ici, l'entreprise offre à ses employés un dispositif qu'ils auto-gèrent pour accéder à Internet à des fins professionnelle et personnelle. Par contre, l'accès au réseau interne (intranet) de l'entreprise leur est rendu inaccessible. En imposant ainsi de faibles exigences de sécurité, l'entreprise augmente inversement la sécurité de son réseau.

Bonus policy: politique de primes récompensant les collaborateurs contribuant le plus à atteindre ou dépasser les objectifs fixés.

BPR: Business process reengineering, soit 'reconfiguration ou réingénierie des processus d'affaires'. L'appellation décrit une redéfinition en profondeur des processus d'une organisation afin de la restructurer pour plus d'efficacité.

Branding: voir Employer branding

Business partner: en business pur, il s'agit d'un partenaire des affaires ou associé dont l'alliance est scellée par un contrat. Selon le contexte, on parle aussi de partenaire stratégique pour insister sur le rôle d'un cadre supérieur dans la réussite d'une organisation.

Business unit (BU): unité ou département business dédié à un segment stratégique de l'organisation. Régulièrement nommée par son acronyme BU, l'unité se traduit également par DG Direction Générale. La BU se tient en quasi opposition aux Services Support (Finance, RH, IT, Marketing, Juridique, etc.) eux-mêmes appelés Service d'Encadrement dans l'Administration.

Buzz: littéralement: bourdonnement (d'insecte), l'onomatopée devenant mot. Le buzz désigne aujourd'hui une technique marketing consistant à «*faire du bruit*» autour d'un événement, un produit, un service. On a donné au buzz ses lettres de noblesse en le nommant «*marketing viral*». En fait, il s'agit tout simplement (mais c'est déjà beaucoup) d'une modélisation de la rumeur élevée en technique pour promouvoir positivement l'image de son émetteur.

BYOD: *Bring Your Own Device*; en français: «*apportez votre propre matériel.*» Nouvelle tendance en matière de mise à disposition de matériel technologique (PC, GSM, logiciels, Smartphone, etc.). Le collaborateur utilise ses propres équipements plutôt que ceux de l'organisation. Sur le même modèle, notons les avatars **BYOT**: *Bring Your Own Technology* pour l'équipement électronique; et le **BYOA**: *Bring Your Own Application* pour les programmes et logiciels informatiques.

Calimero: célèbre héros de dessin animé des années 1960 et 1970. Vrai «Titi» (autre héros jaune et mutin) en négatif, le mantra le plus connu de ce poussin noir, plaintif et malchanceux, tient en 5 mots: «*c'est vraiment trop injuste!*»

Capex: diminutif de *capital expenditures*, soit: flux de trésorerie. Les capex constituent donc les flux de trésorerie liés aux dépenses d'investissement de capital (dont les immobilisations). Ils se réfèrent au coût de développement ou de fourniture de pièces non consommables pour le produit ou le système.

Cash-flow: flux de trésorerie ou de liquidités généré par une entreprise en une année. Le terme désigne la capacité d'une entreprise à s'autofinancer !

Casual Friday: née aux USA, pratique de bureau consistant à venir au travail le vendredi en tenue cool (*casual*) sans devoir respecter les codes vestimentaires en vigueur dans la profession (costume, cravate, tailleur…)

CDD: contrat à durée déterminée.

CDI: contrat à durée indéterminée (vous aviez deviné ☺)

Clean Desk Policy: Une «*Politique de Bureau Propre*» est une directive administrative qui spécifie les conditions dans lesquelles les employés quittant leur espace de travail devraient le laisser en fin de journée. Principalement, ranger ses papiers et laisser l'endroit propre. Cette politique prend tout son sens en cas de bureaux partagés.

Chat: à prononcer «*tchate*» comme en anglais. D'ailleurs, les français l'écrivent souvent ainsi pour signifier qu'ils conversent ou bavardent de façon informelle.

Cloud, cloud computing: L'image du nuage ou *cloud* est utilisée dans le monde informatique pour symboliser Internet. L'expression *cloud computing* désigne le stockage sur de gros ordinateurs distants (appelés serveurs, lire par ailleurs), de documents, données et autres programmes informatiques traditionnellement sauvegardés sur un serveur local ou dans l'ordinateur d'un utilisateur.

Coaching : le terme coach, largement usité pour désigner un entraîneur sportif, se rapproche du mentorat une fois appliqué à l'entreprise. Il désigne un accompagnement professionnel personnalisé dans le but d'améliorer ses connaissances, compétences et performances.

Community manager: le nouveau métier de gestionnaire de communautés (virtuelles) consiste à fédérer et animer en ligne des communautés autour d'une organisation, société ou marque. Directement relié au Web 2.0 (lire par ailleurs) et par conséquent aux réseaux sociaux, l'essentiel de la fonction consiste à interagir et échanger avec les internautes.

Compensation & Benefits (comp&ben): une stratégie de rémunération ou rétribution des collaborateurs visant à tirer de la politique salariale un avantage compétitif reconnu sur le marché du travail.

Core: mot anglais qui signifie cœur (même étymologie) dans le sens de 'noyau'. Il désigne le cœur d'une activité comme dans *core-business*.

Corporate image: image institutionnelle (voir ci-après).

Corporate statement(s): la plupart des organisations (*corporation*) écrivent une déclaration (*statement*) solennelle et indélébile définissant leurs vision, mission, valeurs et objectifs principaux.

Costcutting: mesure ou plan de «*réduction des coûts*» dans le but de rendre l'organisation plus profitable.

Co-working, coworking: les professionnels indépendants conscients de leur isolement ont démarré ce type d'environnement de travail afin de bénéficier d'un espace de socialisation propre à l'entreprise. Le *coworking* s'articule autour de deux axes: un espace de travail partagé et un réseau de professionnels qui favorise l'échange et l'ouverture.

Crowdsourcing: en français «*externalisation ouverte*»; le crowdsourcing consiste à solliciter via le 2.0 en sous-traitance (et généralement gratuitement) la créativité et les compétences d'un grand nombre de personnes pour des activités traditionnellement effectuées par l'organisation en interne.

CSF: *Critical Success Factors*: facteurs critiques de succès. Plus un projet se complexifie, plus la liste des critères d'évaluation s'allonge. Ils permettent de définir au préalable les ressources et le soutien nécessaires à la mise en œuvre du projet.

CxO: le 'x' représente la variable coincée entre le 'C' de 'Chief' et le 'O' de 'Officer' pour Directeur (Général). D'où **CDO**: *Chief Digital Officer* -le Directeur Informatique ; **CFO**: *Chief Financial Officer* -le Directeur Financier; **CHRO**: *Chief Human Ressources Officer* -le Directeur des RH; **CIO**: *Chief Information Officer* -le Directeur Informatique; le tout chapeauté par le **CEO**: *Chief Executive Officer* -le PDG ou le Big Boss, quoi. La liste n'est pas exhaustive. Les anglophones utilisent également l'acronyme 'C-suite'.

CRM: *Customer Relationship Management*, soit «Gestion de la Relation Client». Selon Jean-Louis Tomas in ERP et Progiciels de gestion intégrés, éd. Dunod, Paris 2002, le «*CRM est l'ensemble des outils et techniques destinés à capter, traiter, analyser les informations relatives aux clients et aux prospects, dans le but de les fidéliser en leur offrant le meilleur service.*» En termes d'applications informatiques, il s'agit des «*progiciels qui permettent de traiter directement avec le client, que ce soit au niveau de la vente, du marketing ou du service, et que l'on regroupe souvent sous le terme de front-office, ceci par opposition aux outils de back-office que sont les progiciels de gestion intégrés.*» Tout est dit!

Digital native: ou natif numérique, quelqu'un qui naît et grandit dans l'environnement numérique, doué d'une compréhension instinctive des moyens d'information et de communication informatisés. Bref, un autochtone de la technologie, les plus âgés ayant vu jour durant les années 1980.

Digital immigrant: par opposition au natif numérique, le migrant numérique adopte la 'nationalité' du natif numérique bien plus tard. Il parle sa langue et acquiert ses coutumes en les apprenant «à la dure», souvent dans la sueur et les larmes. Ils sont par conséquent plus âgés que les digital native.

Disposal: un terme incroyable qui va de disposition à destruction en passant par cession, vente et dépotoir! Mais bon, ça tourne autour de jeter (quelque chose) ou se faire jeter (quelqu'un).

Dotcom: littéralement «*pointcom*» (.com). Il constitue le suffixe du log-in (ou identifiant) le plus ancien et le plus courant d'internet. Les .be, .fr, .org ou .edu, etc., sont arrivés ensuite avec l'ouverture d'internet au monde.

Downsizing: réduction de la voilure. Le terme s'applique à la mécanique, à l'informatique et bien sûr à la masse salariale, le tout à des fins de *costcutting* (lire par ailleurs).

Dynamic office: politique d'aménagement des bureaux favorisant l'élaboration d'un ensemble de lieux de travail optimisés (simple bureau, salle de réunion plus ou moins grande, espace de concentration, espace de détente, etc.) selon la tâche à effectuer.

DRH: le Directeur (ou la Direction) des Ressources Humaines. Voir RH.

Economie du savoir: voir *Knowledge management*.

Employer branding: brand signifie marque comme une «*marque*» de lessive. L'expression indique donc les efforts produits par une organisation pour jouir de la meilleure image (ou réputation) possible en tant qu'employeur.

ETP : acronyme de Equivalent Temps Plein. ETP mesure soit le temps de travail (individuel), soit une capacité de travail ou de production (collectif).

ESS/MSS: il s'agit d'une solution informatique pour les RH (HR en anglais). ESS signifie *Employee Self-Service* et MSS signifie *Manager Self-Service*. Cette Solution, éditée par SAP, s'appelle SAP HR/ESS-MSS (voir **SAP**). L'outil SAP HR/ESS-MSS permet de décentraliser la gestion administrative des ressources humaines. Les managers l'utilisent pour gérer les données administratives et visualiser les informations concernant les équipes mise en place. Les employés quant à eux l'utilisent pour saisir des informations et des demandes mais aussi pour effectuer des consultations.

Facebook: le réseau social sur internet le plus célèbre du monde. Le mot Facebook, équivalent de notre français trombinoscope, rappelle son origine universitaire (Harvard) où, de coutume, les photos prises de tous les étudiants en cours d'année sont regroupées et distribuées à tous en fin de cycle. Aujourd'hui, tout le monde, individus et organisations, peut ouvrir un compte et créer son profil pour y publier des informations visibles, au choix de tous ou non, selon le contrôle de visibilité retenu.

Facility management: gestion des installations, des aménagements et des services liés aux locaux. Ce terme peut également inclure ou être annexe à la gestion du patrimoine immobilier (les bâtiments) de l'organisation.

Fan page: page pour fan(atiques). La fan page est un outil Facebook de communication qui permet à une organisation ou sa marque d'interagir avec ses publics. Les fans y posent des questions, postent des photos, des vidéos et/ou des commentaires. Le tout génère des réactions entre internautes et anime le débat sur le sujet.

Feedback : certains français le traduisent par rétroaction, voire rétro-alimentation. N'y pensez même pas! Cantonnez-vous à l'anglais pour désigner la conséquence du résultat d'une action sur l'origine de cette action. Un feedback positif (constructif) amplifie l'action en un cercle vertueux ou une spirale ascendante. Un feedback négatif réduit l'action en un cercle vicieux ou effet boomerang. Dans l'usage courant, il sert de synonyme à une opinion ou un avis offert(e) en retour.

Flexiplace / Flexitime: formés des trois briques flexible, place et time, ces mots «*lego*» désignent la capacité d'offrir aux collaborateurs un ajustement à leurs besoins des lieux, du temps et des cadences de travail. **Flexiroles** & **flexidevices** (rôles et outils informatiques) suivent la même logique.

Geek: personne éprouvant une passion exagérée -voire obsessionnelle- pour l'informatique, internet et les nouvelles technologies. Le mot est souvent employé de manière péjorative pour laisser entendre que la personne se coupe de toute vie sociale pour s'enfermer dans sa bulle virtuelle.

Génération X: nés entre 1960 et 1980 dans le sillage des baby-boomers (lire par ailleurs), ils sont pragmatiques et plutôt individualistes, voire pessimistes, pour s'être pris depuis 1973 les vagues de crises économiques les unes derrière les autres. Ils considèrent le futur gérable («*je peux m'en sortir*»), d'où leur volonté d'éducation, mais incertain («*il n'y a pas de place pour tous*»), d'où leur volonté d'entrepreneuriat.

Génération Y: suivant en toute logique la Génération X, les personnes nées entre 1980 et 2000. Aussi cette génération éclate-t-elle en une infinité de sous-groupes socioculturels comme les métrosexuels (métropolitains/hétérosexuels) ou les adulescents (adultes/adolescents).

Good enough: littéralement «*assez bon*». En écho au principe que le «*mieux est l'ennemi du bien*», la notion emporte l'idée d'une pratique perfectible mais suffisamment bénéfique pour tous étant donné les circonstances.

Google, googler, googlable: quand bien même vous êtes réfractaire à l'informatique et internet, impossible d'avoir échappé à l'expression. Google est le moteur de recherche le plus utilisé sur internet.

Green : l'adjectif green (fr. vert), accolé à un nom (green quelque chose) caractérise tout produit, service ou activité écologique en phase avec le développement durable et par extension le commerce équitable. Ainsi «*green office*» décrit un bâtiment et ses aménagements à énergie positive; «*green IT*» des technologies informatiques respectueuses de l'environnement, etc.

Guerre des talents: l'expression correspond moins au nombre de profils recherchés qu'aux compétences spécifiques requises de certains profils pour certains postes. Les évolutions démographiques font état d'une rareté des «ressources» disponibles en terme de compétences, d'où la guerre que se livrent les organisations pour attirer à elles les meilleurs. Voir aussi 'Talent'.

Hashtag(s): Un hashtag est un (groupe de) mot(s) suivant le caractère # dans un tweet (lire par ailleurs). Le hashtag est créé à l'initiative du concepteur du message. L'usage du # permet un classement de l'information sur les media sociaux et les plateformes collaboratives.

Hipo: diminutif de High Potentials : hauts potentiels. Donc à prononcer à l'anglaise «*aïe-po*» et non pas comme le mammifère.

Home working / working from home: travailler (de) chez soi partiellement ou à temps plein. Dans la pratique, c'est le sens donné au mot 'télétravail'. Le *home working* s'oppose à l'*Office living*. On peut résumer cette dualité ainsi: travailler sur son lieu de vie ou vivre sur son lieu de travail?

Hotelling, hoteling: l'expression désigne la mise à disposition de bureaux sur base d'une réservation à la carte. C'est une méthode de réservation de l'espace de travail dans des lieux pratiquant le dynamic office (lire par ailleurs) ou dans des espaces de co-working (lire par ailleurs).

HR: Human Resources. Voir **RH**.

HRIS: voir SIRH.

Hub: appliqué à l'univers du travail, l'expression la plus proche serait 'plaque tournante', un espace d'échanges comme les pépinières d'entreprises, propice aux rencontres et à l'émulation. Les adeptes du co-working recourent souvent à de tels espaces.

ICT: les ICT sont les TIC français: Technologies de l'Information et des téléCommunications. Elles regroupent les techniques utilisées dans le traitement et la transmission des informations, via des moyens de télécommunications, informatiques et internet. Aujourd'hui, l'industrie des TIC se place comme support de l'industrie du contenu numérique.

Inside/out: de l'intérieur (ici, de l'organisation) vers l'extérieur (ses publics-cibles). Voir **Outside/in**.

Instagram: il s'agit d'une application offrant de partager ses photographies avec son réseau d'amis, de noter et de laisser des commentaires sur les clichés déposés par les autres utilisateurs.

Inverse-BYOD: voir BOID.

IT: voir ICT.

Jelly day: l'initiative Jelly Day se positionne clairement dans le cadre du co-working. Il s'agit d'une journée-événement informelle pour indépendants, travailleurs à domicile et jeunes entrepreneurs où personne n'est là pour prospecter ou vendre. L'idée consiste plutôt à se réunir (initialement pour un goûter -d'où la jelly) entre personnes de même acabit afin de bavarder, d'échanger aide et conseils, de créer émulation et synergies et qui sait, peut-être de voir émerger de nouvelles collaborations.

KISSSS: (long) baiser en anglais mais aussi acronyme de "*Keep It Simple, Straight to the point, Sexy, and Sustainable*". Agir de façon simple, directe (droit au but), sympathique et durable.

Knowledge management: gestion des connaissances / gestion du savoir. Ce terme désigne les initiatives, méthodes et autres techniques permettant d'identifier et de perpétuer les savoirs acquis entre membres d'une même organisation, en particulier s'ils ont été créés en son sein-même.

Knowledge worker: Les travailleurs du savoir sont des employés possédant une solide connaissance dans de nombreux domaines. La principale tâche de ces collaborateurs consiste à ajouter de la valeur ajoutée à l'information qu'ils traitent, en faveur de leur organisation.

KPI: Key Performance Indicators ou indicateurs-clés de performance. Il s'agit d'indicateurs concrets d'aide à la décision offrant un diagnostic mesurable d'atteinte des objectifs.

Leader: tout le monde use et abuse du mot anglais 'leader' parce que le français 'chef de file' est trop réducteur et que le mot 'meneur' est trop connoté. Pourtant, le mot 'guide' ferait très bien l'affaire.

Leadership: le leadership marque l'influence positive et réciproque d'un individu sur un groupe en manifestant sa capacité à mobiliser et à fédérer les énergies autour d'une action collective. On parle aussi de transformational leadership qui, traduit du mot à mot, en dit peu, mais qui désigne un style de gestion des collaborateurs basé sur le respect mutuel et l'intendance plutôt que sur le contrôle.

Leading: fonction de gestion consistant à partager la vision avec son équipe et à mettre en œuvre tous les comportements nécessaires afin d'atteindre des objectifs définis.

Lean: Toyota a inventé la méthode qu'elle a baptisée du nom lean (prononcer comme le prénom Line) pour ses lignes de production. Le lean management définit une gestion 'sèche' ou 'dégraissée' de la production, lancée dans une intraitable chasse aux gaspis : production excessive ou défectueuse, tâches, stocks et attentes inutiles, etc. Facilement adaptable, le lean a vite migré du secteur secondaire (transformation des matières premières) au tertiaire (production de services).

LinkedIn: réseau social professionnel en ligne créé en 2003 à Mountain View en Californie. Fin 2012, le site revendiquait plus de 175 millions de membres issus de 170 secteurs d'activités dans plus de 200 pays et territoires.

Management: mot-valise (un peu fourre-tout) qui, dans le cadre de l'entreprise, décrit le plus souvent l'art de gérer une organisation sous tous ses aspects et par extension celui d'en gérer les membres. **Top management**: le corps dirigeant ou exécutif, les administrateurs, les cadres supérieurs. **Middle management**: les responsables situés au milieu de la hiérarchie, par exemple les cadres moyens.

Marketing (et avatars: **marketeer, marqueté**...): il existe à peu près autant de définition du marketing que d'ouvrages traitant du sujet. Disons que le marketing désigne l'art d'anticiper et de satisfaire les désirs de l'autre et présuppose d'être à son écoute. Par extension, «*faire du marketing*» sous-entend la volonté (du *marketeer*, donc) de rendre les choses plus attrayantes pour son destinataire, sans pour autant tromper qui que ce soit, afin que les deux parties y gagnent d'une saine manière.

Marketing-mix: Le marketing-mix regroupe l'ensemble des actions censées assurer le succès d'un produit. Ces actions sont traditionnellement regroupées sous 4 'P' Produit, Prix, Promotion (c'est-à-dire Communication), Place (c'est-à-dire Distribution: lieu de vente ou d'exercice). D'autres «P» complémentaires sont parfois proposés pour élargir le champ du marketing-mix: People (gens), Process (procédures), Physical support (soutien physique/support matériel).

MaRHketing: mon petit idiome à moi pour conceptualiser la fusion d'approches et de méthodes marketing et RH.

Mashup: dans un contexte internet, mashup désigne soit un site soit une application dont le contenu résulte de la combinaison de plusieurs sources d'information. Le principe consiste donc à agréger du contenu provenant d'autres sites, afin de créer un site nouveau.

MBWA: *Management By Walking Around*, soit «*management par la balade*», où les managers rencontrent les collaborateurs sur le lieu de travail, de manière impromptue et aléatoire, sans suivre de plan préétabli. Le but de cette approche spontanée est de révéler les réalités au quotidien afin de faciliter la qualité de vie professionnelle et par conséquent la productivité.

Middle management: voir Management.

NWOW : l'étude du *New Way Of Working*, ou 'nouvelle approche de l'environnement de travail' fait l'objet du chapitre 03. Notons que l'acronyme s'écrit nWOW afin de souligner l'onomatopée 'WOW!' équivalente de notre «*whaou*!» de surprise admirative. «*The wow effect*», véritable expression marketing anglo-saxonne, désigne la capacité d'un nouveau produit à provoquer l'adhésion et les recommandations de nouveaux consommateurs.

Office living: voir *Home Working*.

Offshore, offshoring: appliqué à la finance et l'entreprise, *offshore* se réfère à la création d'une entité juridique extraterritoriale, afin d'optimiser la gestion financière des capitaux.

Open source : la désignation open source (aussi appelé 'code source libre') s'applique aux programmes informatisés ou logiciels dont la licence d'exploitation respecte des critères précis comme la possibilité de libre redistribution, d'accès au code source et aux travaux dérivés. A ne confondre ni avec logiciel libre, ni avec Freeware: des logiciels gratuits ni ouverts ni libres. En open source, la communauté de développement peut étudier le code source pour localiser d'éventuels problèmes de sécurité.

Open space: plateau paysagé constitué de bureaux en modules sans cloison ou alors, toutes symboliques. Tout le monde partage donc le même espace.

Outside/in: de l'extérieur (ici, les publics-cibles de l'organisation) vers l'intérieur (la façon d'organiser les ressources humaines). Voir **Inside/out**.

Outsourcer: de l'anglais outsourcing: sous-traitance (connotation négative) ou externalisation (non connoté). Il s'agit du transfert de certaines fonctions ou activités de l'organisation (souvent jugées ni essentielles ni stratégiques) vers un partenaire externe.

Package: un ensemble de mesures visant à optimiser l'atteinte d'un objectif précis. Le package salarial est l'ensemble des avantages salariaux légaux ou extra-légaux (expression usitée en Belgique).

Partenaires sociaux: l'expression désigne généralement les principaux syndicats professionnels de salariés, de patrons et d'organismes paritaires.

Pause-Café (la série TV): il s'agit d'une série française à succès, diffusée à partir de 1981. Joëlle Mazart, alias l'actrice Véronique Jannot, une jeune assistante sociale en milieu scolaire, gagne la sympathie des élèves d'un lycée de banlieue parisienne en leur offrant son écoute autour d'une tasse de café. Ce bel objet télévisuel social permet d'éduquer la jeune génération X aux préoccupations de l'époque (angoisse due au chômage, la drogue, la pilule, etc.). Et pour mieux la faire passer (la pilule), la série exploite le petit côté rebelle et décalé de ces jeunes en faisant se heurter notre héroïne à la rigidité d'une administration réfractaire au changement.

Paysager: voir *Open Space*.

Peer-to-peer: répandu aussi sous l'acronyme P2P, rendu célèbre par l'usage du format musical MP3 sur internet. Le P2P désigne un modèle de réseau informatique qui permet à plusieurs ordinateurs de communiquer ensemble sur internet et de partager simplement des fichiers, des flux multimedia continus (streaming), des services telle la téléphonie avec Skype, etc. En décentralisant les systèmes, le P2P a permis à tous les ordinateurs de jouer directement le rôle de client *et* de serveur (lire par ailleurs) contournant ainsi la censure frappant quelques serveurs exposés.

Peer-to-peer management: par extension de cette connexion libre, le peer-to-peer (P2P) management est devenu une composante managériale des organisations, permettant l'interaction entre collègues de même niveau hiérarchique ou encore, au niveau marketing, avec les réseaux sociaux.

PeopleSoft: un éditeur de progiciels de gestion intégrés et de CRM destinés aux entreprises. Autres organisations fournissant ce type de service: JD Edwards, SAP, Oracle.

Pet Scan: PET signifie Tomographie d'Emission par Positrons. Il s'agit d'un examen d'imagerie de type scanner avec des caméras qui détectent dans le corps des tumeurs passées inaperçues au cours des autres examens. Il permet en outre de suivre l'évolution d'un cancer durant le traitement et de déceler d'éventuelles rechutes.

Placardiser, placardisation: «*mettre au placard*» ou transformer en *persona non grata* un collaborateur par des techniques d'isolement et de déchéance de tout privilège et attribut professionnels. Cette technique s'apparente généralement à du harcèlement moral.

PME/TPE: PME : Petites et Moyennes Entreprises (en Belgique, entre 10 et 200 collaborateurs) et TPE: Très Petites Entreprises (entre 1 et 9 collaborateurs).

Post(s): message posté (émis, envoyé) sur un site, réseau, forum de discussion ou sur toute plate-forme d'échanges telle que Twitter, Facebook, etc.

R & D: Recherche & Développement, un département stratégique à la pérennité de l'entreprise.

Recovery plan: plan de relance, plan de redressement, voire plan de secours dans le cadre de gestion d'un désastre naturel. Il désigne les moyens et dispositifs mis en œuvre pour rectifier la courbe négative d'une activité: business, économie, écologie, finance, etc. Il s'agit également d'un plan B en cas de gros coup dur. Les recovery plans ont connu leur apogée suite aux attentats du 09/11/2001.

Release: dans le contexte informatique, mise à jour ou parution d'un nouveau programme.

RH: Ressources Humaines. Dans les années 1990, le terme 'Direction des Ressources Humaines' ou **DRH** (lire par ailleurs) a remplacé l'expression 'Service du Personnel', jugée plus ingrate. A y regarder de plus près, c'est le contraire. **GRH** vaut pour «Gestion des Ressources Humaines».

ROI: de l'anglais Return On Investment, c'est-à-dire retour sur investissement. Il désigne la part bénéficiaire de l'investissement. Notons que le sigle ROI est maintenu tel quel dans la langue française.

SaaS: le concept *Software As A Service* ou 'logiciel en tant que service' consiste à proposer un abonnement à un logiciel plutôt qu'un achat de licence. Avec le développement des TIC, de plus en plus d'offres SaaS se font en cloud computing: elles transitent par le web via un programme client-serveur (lire par ailleurs) sans ne plus avoir à installer une application de bureau.

Sales & lease back: une opération par laquelle une organisation vend à sa banque un ou plusieurs équipements dont elle est propriétaire pour ensuite les prendre en leasing sur une durée convenue de commun accord entre les deux parties. Variante: sales & rent back.

SAP: SAP (qui signifie *Systems, Applications and Products*) est une société informatique qui crée des progiciels de gestion intégrée. Voir **ESS/MSS**.

Screening: l'examen d'un grand nombre d'exemplaires d'une famille de produits ou services dans le but de localiser ceux qui présentent une caractéristique ou un problème particulier (par exemple, passer les bagages d'un aéroport au détecteur de métal).

Serveur (informatique): il s'agit d'un dispositif informatique matériel (PC) ou logiciel (programme informatique) offrant des services à différents clients. Le mot serveur ne désigne pas tant la taille du dispositif (ordinateur ou programme), que le rôle qu'il joue sur un réseau. La puissance choisie dépendra du nombre d'utilisateurs réclamant des services au même instant.

Shadok, shadokien/ne: en référence à la série d'animation télévisée française totalement déjantée (et culte; le mot n'est cette fois pas usurpé) diffusée entre 1968 et 1973. Un adjectif un seul, pour définir le tout? Absurde!

SIRH: Système d'Information de gestion des Ressources Humaines: informatisation des tâches RH administratives répétitives (paiement des rémunérations, temps de présence des travailleurs, grille d'évaluations, phases de recrutement, évolutions de carrière, etc.) et enregistrement des données de bases. L'acronyme anglais **HRIS** demeure plus usité en Belgique que son pendant français SIRH.

Skype: un logiciel de téléphonie qui permet aux utilisateurs de passer entre eux des appels gratuits via Internet (le système demeure payant vers les lignes fixes et les téléphones mobiles).

Soft : doux en anglais. Le terme est associé soit à 'indicateur'; soit à 'skill' (compétence). Dans la gestion du Patrimoine Humain, les indicateurs *soft* désignent un ensemble de KPI (lire par ailleurs) plus qualitatifs contrastant avec les indicateurs *hard*, quantifiables, essentiellement financiers, des actionnaires.

Soft skills: (voir ci-dessus); les aptitudes relationnelles et comportementales ou soft skills des collaborateurs englobent les relations interpersonnelles, la confiance en soi, l'art de déléguer, de communiquer, etc.

Software: logiciels, programmes ou applications informatiques.

Spin off: l'expression désigne soit une scission d'entreprise, soit une nouvelle entité créée à partir d'une organisation plus grande.

SMARTT (futé en anglais): un objectif ou accord SMARTT signifie Spécifique, Mesurable, Atteignable, Réaliste (comme en français). Les deux 'T' pour Timing et Tough peuvent se traduire par 'bien minuté' et 'ambitieux'.

Sparring partner: partenaire, le plus souvent, d'entraînement. Typiquement, le sparring partner tient le rôle d'opposant en faveur d'un sportif souhaitant s'entraîner dans les conditions les plus proches de celles de la compétition. Par extension, la personne avec laquelle on argumente de manière amicale.

Staffing: de l'anglais staff, personnel (équipe, employés...). En un mot, il désigne le recrutement dans sa conception stratégique. Le staffing emporte l'idée de «*la bonne personne au bon endroit*». Cela suppose du DRH une vraie capacité, d'une part, à anticiper les besoins futurs de l'organisation (un plan de staffing s'étalant traditionnellement sur 3 ans); et d'autre part, à dénicher et proposer le profil le plus adéquat (en phase) avec le service concerné. La notion englobe les enjeux liés à une bonne mobilité en interne.

Stakeholders: littéralement, les titulaires du jeu/de l'enjeu. Le terme est généralement rendu par «*les parties prenantes*» pour désigner un acteur individuel ou collectif concerné par une décision ou un projet.

Start-up: de manière générale, une entreprise qui débute.

Stock-options: nous sommes tous familiarisés avec ce terme désignant une option sur titres. Une stock-option est un droit (attribué par l'entreprise à ses salariés) d'acheter ses titres à un prix donné avec une échéance déterminée.

Strategic plan: comme en français. En gros, la définition, la programmation et la mise en œuvre triennale à quinquennale de moyens visant à atteindre un objectif précis. En-deçà de trois ans, on parle plutôt de «*plan tactique*». Pour un déploiement annuel, on évoquera un «*plan opérationnel*».

Talent (un): se dit d'un 'pro' pas forcément élevé dans l'échelle hiérarchique, mais possédant un talent si crucial pour l'entreprise que le perdre menacerait sans doute le bon fonctionnement de celle-ci. Voir aussi 'Guerre des talents'.

Teambuilding: l'élaboration d'activités ludiques destinées à 'construire' c'est-à-dire créer, renforcer ou développer les compétences d'une équipe. Principalement utilisé en entreprise, il vise à améliorer le travail et ses conditions, ainsi que la cohésion interne. En pratique, le teambuilding réunit le personnel ou les membres d'une équipe autour d'activités artistiques, sportives ou culturelles hors du cadre de travail.

TIC: voir ICT.

Top management: voir Management.

TPE: voir PME

Turnover: littéralement «*qui tourne par-dessus*»: pourcentage de personnes qui quittent l'entreprise sur une période de référence, souvent calculé sur une année. On utilise aussi l'expression: taux de rotation.

Tweet: gazouillis. voir Twitter.

Twitter: il s'agit d'un outil de réseau social qui offre aux utilisateurs d'envoyer gratuitement via internet de brefs messages ou tweets de 140 caractères maximum, soit par email soit par SMS. L'usage faisant, l'expression s'est déclinée en verbe, nom, adjectif, gérondif, etc., comme pour Google.

Upgrade: mise à jour, dans ce contexte-ci, de softwares, c'est-à-dire de programmes, de logiciels ou d'applications informatiques.

Usine à gaz: on qualifie ainsi une organisation (entreprise ou administration) lorsque son fonctionnement pâtit du surnombre de départements, fonctions, procédures, etc., inefficaces ou redondants, au point de la paralyser.

VOIP: le *Voice Over Internet Protocol* indique l'utilisation d'un réseau IT (broadband) pour la téléphonie. Dès lors, l'appel ne transite plus par une ligne de téléphone classique, mais par internet.

Web 2.0: l'expression Web 2.0 désigne l'évolution des fonctionnalités et des usages du World Wide Web (WWW) à partir du Web classique du début des années 2000. Il implique deux choses. Premièrement, plus de simplicité: peu de connaissances techniques et informatiques de la part des utilisateurs. Deuxièmement, plus d'interactivité: chacun peut y contribuer (ex. Wikipedia), échanger et collaborer (ex. Facebook) sous différentes formes, notamment en réseau. Aujourd'hui, l'expression 2.0 s'utilise comme terme générique pour désigner le concept du web 2.0 étendu à tous domaines d'application.

Wellness: ce néologisme tire son origine de la combinaison de deux mots anglais: «*well-being*» (bien-être) et «*fitness*» (santé, forme). L'expression souligne bien l'équilibre harmonieux du corps et de l'esprit en phase avec la nature.

Wiki: un wiki est un site web dont les pages sont modifiables par les visiteurs pour faciliter l'écriture et l'illustration collaboratives des documents numériques qu'il contient. Un site wiki utilise des hyperliens liant les pages wiki entre elles. Le premier wiki fut créé en 1995. L'encyclopédie libre Wikipédia constitue sans conteste le wiki de tous les wikis. ☺

Wikipedia: créée début 2001, Wikipedia est une encyclopédie en ligne multilingue, universelle, librement diffusable et en grande partie modifiable par la plupart de ses lecteurs. Elle ne possède donc pas la légitimité des grandes encyclopédies renommées. Mais l'ampleur de son usage renforce la vérification apportée à son contenu.

Working from home : voir Home working.

Yammer: il s'agit d'un outil de microblogage qui propose la mise en œuvre d'un réseau social interne à l'organisation, entreprise ou communauté.

YouTube: créé en 2005, un site web d'hébergement de vidéos sur lequel les utilisateurs peuvent envoyer, visualiser et partager des séquences vidéo.

INDEX

Collection KnoWay!

KnoWay! Son nom-même est porteur de promesse et d'exigence: «pas question de ne pas savoir!»
Voilà pourquoi chaque ouvrage de cette collection dévoile sous un angle neuf et distancié les aspects souvent insoupçonnés d'un domaine de connaissance apparemment bien balisé.
Ainsi, KnoWay! rassemble tous les incontournables du savoir issu du monde professionnel et des sciences sociales.

Ouvrage apparenté dans la même collection: Introduction à la CommunicAction de Claudio Balestra, Costantino Balestra et Eric Bouancheaux Zuckermandl